U1070426

“茅舍槿篱溪曲”

“门外春波荡绿”

踏上回归精神故里寻古探幽的旅程，

感受乡土的温暖与润泽，

体味精神家园的馨香。

中国民间文化遗产抢救工程

THE PROJECT TO CHINESE FOLK CULTURAL HERITAGES

中国历史文化名城·名镇·名村丛书

中国历史文化名村

甘肃张坝

中国民间文艺家协会 / 组织编写

总主编 / 潘鲁生 邱运华

本卷主编 / 沈文辉

知识产权出版社

全国百佳图书出版单位

—北京—

《中国历史文化名村·甘肃张坝》
编委会

积聚海量信息 寻觅科学路径（序一）

邱运华

传统村落保护是当下中国文化遗产保护工作中最重要的社会性课题之一。对于一个具有绵延五千年不间断农业文明的民族来说，传统村落能否得到妥善保护更是一个文明能否传承的关键问题。

传统村落保护是当代社会发展的普遍问题，不独中国社会存在，西方发达国家存在，东方发达国家也存在。从世界范围看，这是一个国家从欠发达到发达、从农业社会过渡到工业社会、从以农村为主体发展到城镇化生活方式过程中普遍存在的问题。有学者把中国农村经济结构改造、社群建设、新文化建设和整体民生改善工作这一进程，追溯到 20 世纪 50 年代。但我以为，它毕竟不是我们现在所处的整体转向工业化、城市化进程中遇到的课题。中国社会同一性质的乡村保护课题，起源还是世纪之交的 2003 年 2 月 18 日“中国民间文化遗产抢救工程”。2012 年 12 月 12 日，住房和城乡建设部、文化部、财政部联合发布《关于加强传统村落保护发展工作的指导意见》，2014 年 4 月 25 日，除上述三部外又增加了国家文物局，联合发布《关于切实加强中国传统村落保护的指导意见》，两次重申传统村落保护的联合行动。冯骥才先生在 2012 年的一篇文章里把传统村落保护提高到文明传承的高度，我认为非常正确。中国社会各界对传统乡村保护的问题，有着非常积极的呼应。

中国是发展中国家，但是从东部、南部和东南部区域看，具有发达国家的基本特征。农村人口从西部向东部、从村落向城镇转移，是 1990—2010 年之间最重要的社会现象，这一巨大的人口变迁集中表现为城镇人口急速膨胀、传统村落急速空心化，不少历史悠久的自然村落仅仅剩下老人和儿童。因此，传统村落的保护在中国面临的问题，与发达国家相比，具有共同性。例如，从“二战”后恢复到工业化时期，德国和日本先后进行的村落更新或改造项目，具有几个明显特征：一是以激发村落内部活力、发展农村经济作为前提，以改造农村基本生活设施作为基础展开；二是村落更新或再造项目以土地管理法令的再研究作为保障；三是建立了学术界论证、公布更新或再造规划、政府支持的财政额度及投入指向、个性化改造方案与村民意愿表达的有效沟通机制，有效保障村落历史文化、自然风景、公共空间与私人空间等要素。综合来看，先行的国家特别注重传统村落的“民间日常生活”保存问题。

所谓“民间日常生活”的具体含义是什么？乃指传统村落村民群体的方言、交往方式、经济生产活动、衣食住行、生老病死、教育、节日活动、传统风俗、民间信仰活动以及区域性的传统手工艺活动等，以及上述种种的精神性、思想性、文化性、艺术性和物质性表现形态。长期以来，中国传统村落之所以成为民族文化的保留者和传承平台，核心在于保存着这个民间日常生活，它的内容和方式，在民间日常生活的基础上，方可承载不同样式、层次的民族文化。

之所以在这里提出“民间日常生活”作为传统村落的文化基础问题，乃是因为看到目前对待传统村落的两种观点具有一定的欺骗性，并不同程度地主宰和误导了传统村落的基本价值指向。一种是浪漫主义传统村落观，一种是商业主义传统村落观。浪漫主义传统村落观把传统村落理想化、浪漫化，仿佛传统村落是用来怀旧的，象征着一切美好的自然与人类的和谐，田园风光，日出而作，日落而息，男耕女织，像是《桃花源记》里的武陵源，“不知有汉，无论魏晋”。但是，这不是民间日常生活；民间日常生活还包含在落后生产力条件下的温饱之苦、辛劳之苦，是传统村落里百姓的生活常态；生产关系之阶级阶层压迫、政治强权和无权地位，以及在自然面前束手无策，在兵灾、匪患和种种欺男霸女面前的悲惨状态，甚至中华人民共和国成立以来出现过的政治压迫、思想禁锢和社会运动之灾，是乡村浪漫主义者无法想象的，而这，就是大多数传统村落的民间日常生活。文人雅士，在欣赏田园风光和依依炊烟之时，能否探入茅舍，去看看灶台、铁锅和橱柜，去看看大量农夫、农妇的身影，他们是否仍然饥饿、寒冷？或者他们的孩子是在劳作还是就学？商业主义传统村落观呢，则直接把传统村落改造成伪古典主义的模板，打造成千篇一律的青砖瓦房，虚构出一系列英雄史诗和骑士传奇，或者才子佳人和神异仙境的故事，两者相嫁接，转化为商业价值或者政绩价值，成为行政或市场兜售的噱头，这一行为成为当下传统村落“保护”的常态。这两种传统村落观，一个共同的特点是把村落与民间日常生活相割裂，抹杀了民间日常生活在传统村落里的价值基础，从而，也直接把世世代代生活于这一场景的村民们赶出村落，嫌他们碍事，妨碍了我们的浪漫主义和商业主义梦想；他们不在场，我们可以肆意妄为地文化狂欢。那些在民间日常生活中久存的精神性的、思想性的、文化性的、艺术性的符号，均不在话下。但是，假如村民不在场，社群活力不再，传统村落如何是活态的呢？西方哲学有一个时髦术语，叫作“主体缺失”，因为主体缺失，因而话语狂欢。

关注传统村落的村民，无疑是中国传统村落保护的第一要素。但恰好是人这第一要素构成了传统村落的凋敝和乡愁的产生。

1990年至2010年这二十年，一些区域传统村落里村民流动性的增强，特别是青壮年村民向东部、东南部和南部沿海地区季节性的流动，极大地影响了这些区域传统村落民间日常生活的展开，减弱了传统村落的社群活力，也相应削弱了传统文化活动的开展。这样，构成传统村落民间日常生活的内容慢慢演变成淡黄色、苍白色，成为一种模糊记忆，抑或转化为一年一度的春节狂欢，最后，演变定格成为日常性质的乡愁。民间日常生活不再完整地体现在现在乡村生活之中。那个完整的民间日常生活，在我们不得不离开它的土壤之后，便蜕变为乡愁。乡愁这只蝴蝶的卵，就是民间日常生活。而伴随着乡愁这只蝴蝶而出现的，却是一个个村落日常生活不断凋敝、慢慢消失。乡愁成为我们必须抓住的蝴蝶，否则，我们的家乡便消失在块垒和空气之中，我们千百年创造的文化便无所依凭。然而，据统计，在进入21世纪（2000年）时，我国自然村总数为363万个，到了2010年，仅仅过去十年，总数锐减为271万个。十年内减少约90万个自然村。若是按照这个速度发展下去，三年、五年之后，我们的传统村落便所剩无几了。也就是说，出生和成长在这些村落而现在散居在世界各地的人们，将无以寄托他们的乡愁。若是其中有的村落有几百年、上千年甚至更久远的历史呢？若是其中有的村落有着华夏一个独特姓氏、家族、信仰和其他各种人文景观等呢？

越来越多的学者开始从事传统乡村保护的研究工作，例如《人民日报》2016 年 10 月 27 日发表了《老宅、流转、新生》为题的介绍黄山市探索古民居保护新机制的文章，还配发了题为《古民居保护，避免"书生意气"》的评论；《中国文化报》2016 年 10 月 29 日发表了题为《同乡村主人一起读懂文化传承》的文章，提出了"新乡村主义"的概念，在它的题目之下，包含有乡村治理、乡村重建和乡村产业化的多功能孵化等内容。为此，文章提出了"政府在制定政策方面、标准化编列预算、聘请专家团队和 NGO 组织，进行顶层设计、人才培养、产业孵化和公共服务"四项基本措施，还配发了《莫让古民居保护负重前行》的文章。《光明日报》2016 年 11 月 15 日发表了题为《福建土堡：怎样在发展中留住乡愁》的报道，记叙了专家考察朱熹故乡福建三明尤溪土堡的过程；记者报道了残存的土堡现状，记录下专家们的意见：政府与社会资本合作的"PPP 模式"，面对乡村人口日趋减少的不可逆现实，应该吸引城市中的人回到乡村，将土堡打造为"民宿"，在不破坏现有形制的前提下，实现功能更新。也有专家提出，就保护而言，首先应该考虑当地人，人的利益是优先的，只有做到长期发展而不是只顾短期利益，文化遗产保护事业才能够持续发展，等等。

上述建议，已经超越了简单的乡愁情怀，而诉诸国家土地法规、资金筹措模式、专家功能实现等层次。应该说，在越来越深入研究、讨论的基础上，对传统村落保护的思路越来越宽了，为政府制定传统村落保护法提供了良好的基础。在国家立法的基础上，国家、地方政府组织专家开展普查，确认传统村落的级别，分别实施不同层次的激活、保护、开发，才有坚实的基础。

我理解，通过专家学者的普查、认定，得出的结论一定会有利于政府形成健全完备的保护方案和具体操作措施。一方面，对仍然有社群活力的乡村，实施新农村建设规划，改善其经济机制，改建生活设施，改善村民的生活条件，把工作重点聚焦到提高农业产业框架基础、为居民提供更好的生活环境、增强村庄文化意识、保存农村聚落特征上来。另一方面，为有着特殊文化传承却逐渐凋敝，甚至失去社群活力的乡村，探索一套完善保护的工作模式，形成一种工作机制，并得到国家法规政策的支持和保障，包括土地规划、投资体制、严格的环境保护，建立严格的农民参与机制等，为保留故乡记忆、记住我们的乡愁，留下一系列艺术博物馆、乡村技艺宾馆，产生具有独特价值的“乡愁符号”。

作为“中国民间文化遗产抢救工程”的重要项目之一，《中国历史文化名城·名镇·名村丛书》正是通过众多专家学者和民间文艺工作者辛勤的田野调查工作，在中国民协推动的“中国传统村落立档调查工程”所积聚的海量信息基础上，多学科、多视角地反映当下古城古镇和传统村落现状，发掘传统文化的独有魅力，进而为保护和传承优秀传统文化积累鲜活的素材，汇拢丰富的经验并寻觅科学的路径。相信这套丛书的出版将对古城古镇和传统村落的保护发挥积极作用。

2017 年 3 月

（作者系中国民间文艺家协会分党组书记、驻会副主席）

甘肃东南有张坝（序二）

徐黎丽

说起甘肃，总是跟经济发展滞后、思想观念落后等词汇连接在一起。但甘肃有一个任何省区无法取代的地方，那就是甘肃独一无二的地理位置。这个面积近1800平方公里、形似“如意”的西北边疆省，通过长城、丝绸之路和藏羌彝走廊等三大通道，东接属于陕西省的关中平原、西连多为沙漠戈壁绿洲的新疆、北接蒙古高原、西南通青藏高原，三大通道在甘肃省省会兰州市交会。在如此重要的连接中国东西南北的枢纽位置上的甘肃省，自然从生态到文化均呈现出不同于其他省区的特色。这个特色就是通过以上三大通道将东西南北的文化汇聚在一起，表面上呈现出“交融”的特色，但透过表面往深处看，却生长出自成体系的文化脉络。张坝古村落——位于藏羌彝走廊北端、茶马古道沿线、三国时代的武都，就是体现甘肃这个文化特质的“点”。

《中国历史文化名村·甘肃张坝》的作者这样写道：“张坝河里的石头青绿发亮，很像陕甘川交会地带的人的气质，既像甘肃，也像陕西，有时也凑凑热闹像四川。”因为这里是陕甘川三省交会之处，自然从物到人的气质都具有三省交融的特点，又由于这里是山大沟深的横断山脉区域，碎片的土地和从团鱼河到四方山的资源为村民所利用，自然物产中有洋芋、苞谷、小麦、黄豆、茯苓、花椒、天麻、崖蜜等，用自然馈赠的物产做成的食物——洋芋搅团、凉粉、豆花面、面茶、吊锅鸡、火鏊馍等，呈现出四季有别、多元多味的特点。村里人除了张姓人家外，还有杨姓、赵姓人家，甚至清末民初从四川逃难而来的刘姓和尚也改为张姓。村民的信仰也呈现出多元共生的特点，既有琵琶寺，也有真武大帝，更有关公庙，甚至在端午节还用柴火垒起高高山，晚上点燃“高高山”的火，火越大越象征着村庄的兴旺与发达。

从表面上来看，张坝村从地理环境到民间信仰均呈现出交汇融合的特点。但细细品味，会发现这个古村落保存着相当完整的文化体系。一方面，张坝村村民来自四面八方，有“湖广填四川”时来到这里的湖北人，以至于到此村的游客说“这里的房子和湖北人住的房子差不多”，村民自己则说他们的祖先“是泾阳大槐树麻城、孝感人”；也有从北方天水、定西等通过藏羌彝走廊进入此地的民众。而他们进入这个三省交界地带后，就开始了本地化的过程，即适应多山多林的自然环境，山地种杂粮，林中采集食物，河里捕鱼，家里饲养鸡、猪等家禽、家畜，并且在多元的生计中建立起一整套村规民约，保持村庄可持续发展，如我们从山歌歌词“碾不净的麦穗子，缠不上的贤妹子”“各沟小卡都有水，年年逢春有花开”“一缸能煮几样酒，一树能开几样花”中就可以体会到这一点。在村规民约的基础上，上升为具有普世价值的民间信仰，并通过家族日常生活、生产仪式、重要节日等传播落实到村民行为中，从而构成了从生态到信仰的文化体系。另一方面，随着市场经济深入发展，张坝人通过外出打工、求学或其他途径与邻近的陕西人、四川人不断交往交流，换来的收入反哺张坝村，促进张坝村从经济到文化的发展。在2008年5月12日汶川大地震后，尽管张坝村在古村落对面沿河宽阔地带重建了新村，但28座老民居被保留下来，与此同时古村落中的八百多年树龄的桫椤树、斑驳古旧的魁星楼、小磨坊、铁匠铺、石板路也被保存了下来，祖先的历史记忆仍然以看得见的“老屋”传承下来。因此，张坝古村落的文化至今仍有一个完整的体系，村民在这个体系中继续他们的生产与生活。

当然，曾在老屋留下童年回忆的老人还健在的时候，游客仍然希望在老屋中找到灵感的时候，村庄仍然是村民心中家乡的时候，那些老屋就仍然具有相当的吸引力。希望这样的吸引力如涓涓细流，永不枯竭。

（作者系甘肃省民间文艺家协会主席，兰州大学铸牢中华民族共同体意识研究培育基地主任、教授）

留住乡村，留住乡愁 为陇蜀之城建设服务（序三）

肖庆康

农耕和农业一直伴随着中华民族的成长、壮大和发展。几千年的中华农耕文明，给我们留下的是远古茂密的山林，沟壑纵深的千万大山，郁郁葱葱的梯田裹挟着的乡间小径，方正整齐的秦砖汉瓦民居，还有“日出而作、日落而息”“乡村四月闲人少，才了蚕桑又插田”的农耕生活图景，“枯藤老树昏鸦”的诗意，以及“鸟鸣山更幽”的烘托……这些文化元素，给我们留下了中国农村的永久记忆。乡村是闲适恬淡的、慢节奏的。乡村的人们在这里走过春夏与秋冬，沐浴大自然的风风雨雨，听春天的蛙鸣、夏天的蝉声，看秋天的红叶、冬天的冰雪。这里有庙会，有社火，有自编自演的戏剧。一代代的人在这里繁衍生息，婚丧嫁娶、生老病死，创造着属于他们自己的信仰、崇拜、伦理、亲情，创造着他们自己的文化和艺术，培养着他们自己的审美情趣……这就是乡愁——一个民族渗透在心灵中的传统，一种穿透精神深处的根脉。它是历史的凝结、文化的本色、情感的归依、精神家园的归宿地，它是乡村不灭的灵魂，也是人类生生不息的印记。陇南历史悠久，文化积淀深厚。早在新石器时期，陇南就有人类文明的踪迹，仰韶文化、马家窑文化、齐家文化、寺洼文化等在西汉水、白龙江流域多有遗存。陇南也是伏羲活动的重要地区之一，还是秦文化的重要源头。西汉时期，汉武帝设置武都郡。三国时期，诸葛亮“六出祁山”演绎了一段段传奇历史故事。魏晋南北朝时期，陇南出现了先后由氐、羌民族建立的五个地方政权，持续近三百年。隋唐时期，陇南结束了地方政权割据和连续战乱的局面，社会相对安定。宋金时期，陇南成为当时的战争中心。元朝尽管时间较短，影响却很大。直到20世纪30年代，在陇南两当县，由习仲勋等老一辈无产阶级革命家领导发动了“两当兵变”，打响了甘肃境内革命武装斗争第一枪。红军三大主力一、二、四方面军及红二十五军长征都经过陇南，烙下了弥足珍贵的红色印记。由于民族间的抗争、融合，文化的交流、演进，形成了具有陇南地域特色的文化现象，也形成了社会文化鲜明的边缘性和多元化特色，既有古代氐、羌、藏等民族文化与汉文化的大融合，又有秦文化与巴蜀文化的大交汇。所有这些独特丰富的人文、自然、民俗文化资源，是陇南文化自信的根本，也是经济建设和社会发展潜在的文化资源。武都区位于甘肃省东南边陲，与川、陕接壤，自古为“秦陇锁钥，巴蜀咽喉”。境内有千姿百态、造化神奇、距今2.5亿年的天然溶洞武都万象洞。武都区素有“陇上江南”和“植物大观园”之称，被著名地质学家李四光称为“宝贝的复杂地带”。城内有红豆杉、水杉等国家级保护植物和大熊猫、金丝猴等珍稀动物，是“中国油橄榄之乡”“中国花椒之乡”“中国民间文化艺术之乡”。

习近平总书记指出，“望得见山，看得见水，记得住乡愁”。留住家园，留住乡愁，是我们这一代人的历史责任。正因为历史上的陇南山大沟深，相对落后独立，保留下了一些原生态的村庄及古民居，现有国家级传统村落18个、历史文化名镇1个，省级历史文化名镇1个、历史文化名村1个。近年来，中国民间文艺家协会启动了“留住乡愁——中国传统村落立档调查”工程，这是中国传统村落遗产保护的一项历史性伟大文化工程，是全国广大文化工作者出于民族的、文明的、知识的、道德的良心，所担负的中国文化史上的又一重任。《中国历史文化名城·名镇·名村丛书》是由中国民间文艺家协会在全国组织实施的“中国民间文化遗产抢救工程”重点项目之一，也是“留住乡愁——中国传统村落立档调查”的阶段性成果。根据编纂要求，经过向中国民协、甘肃省民协多方争取，编委会筛选了具有陇南地域特色，位于陕甘川交会地带的武都区张坝村作为编纂对象。为了完成这项浩大的工程，由沈文辉同志牵头，数十名民间文艺工作者组成的新时代文明志愿服务队，长期活跃在乡村田野第一线，将散落的村落民间文化资源集中起来，寻找其历史线索、历史脉络，发现地域文化的创造力、想象力，为保护我们的家园，守护乡村的灵魂，作出了不懈的努力。本书严格遵守全面性、客观性、真实性、科学性原则，按照编写体例要求，加以介绍和描述。通过叙述性语言，客观地记录当地历史地理人文事象，最大限度地做到行文具体、清晰、质朴、简明、顺畅。正文采用图文混排的方式，分为七章，总计六万余字、两百余幅图片，全面呈现了美丽张坝千年的历史、人文，展示了一个神秘而原生态的古老村庄的绵延故事，切实为陇蜀之城、橄榄之城的建设提供了一本可信的资料。这是个良好的开端，相信陇南武都将有更多的名镇、名村进入“中国民间文化遗产抢救工程”的视野，我们拭目以待。

（作者时任武都区区长，现任中共陇南市委常委、武都区委书记）

中国历史文化
名城·名镇·名村丛书

中国历史文化名村

甘肃张坝 | 目录

第四章 食在山乡

第五章 民俗与信仰

第六章
传说与故事

第七章
守望张坝

Famous Villages, Famous Towns, Famous Cities
of Chinese Historical and Cultural Series

The Chinese Famous Historical and Cultural Village

Zhangba Gansu | Contents

Chapter 3
Skills and Inheritance

Chapter 4
Mountain Cuisine

Chapter 5
Folk Customs and Beliefs

Chapter 6

Legends and stories

Chapter 7

Keep Watch on Zhangba

引言

日思夜想老地方

天空做帐，大地为床，
老祖宗留下的老地方。
鸟儿在飞，小溪流淌，
乡村的小路上行走着忙碌的脸庞。

星宿眨眼，月亮过梁，
老祖宗留下的老地方。
梦里梦见，眼泪流淌，
乡村的田野里还有那歌谣传唱。

灯如红豆，日思夜想，
老祖宗留下的老地方。
你不是你，我不是我，
乡村的怀抱里还有爱情在流淌。

山歌潮湿，故事发黄，

老祖宗留下的老地方。

牛羊不叫，铃铛不响，

乡村的记忆里还有村落和瓦房。

琵琶镇位于陇南市武都区东南部山区，境内山峰高峻挺拔。张坝村位于琵琶镇东南处，东接陕西省、南通四川省，地处秦巴山区、黄土高原、青藏高原交会区域，在西秦岭与蜀川之间，气候温润、森林茂密。村子坐落于四方山坪上，依山傍水。村边是大团鱼河，对岸有兰海高速公路穿山而过。村里现有5个村民小组，分别为两河、张坝、阳土坝、水沟子、麦秆山，有208户800余人（截至2021年8月）。据史书记载，北宋真宗年间，地处秦岭以西与川蜀相邻的张坝地带系西番居住之地。元末明初，政府在推行“湖广填四川”移民垦荒政策时，张坝的先祖们从湖北麻城、孝感迁徙而来，与原住民共同构成了后来的张坝。饮食上尤其是房屋建筑等方面的许多特征一再证明，这里有许多湖北文化

↓ 大山深处

元素与信息。这是一个千年古村落，古老的民间传奇历史在老人们的记忆里留存。祖先以顽强不屈的精神在这边远之地开垦狩猎，构筑起一方属于自己的乐土。

2008年汶川大地震后，张坝村民在古村落对面沿河宽阔地带建了新村，28座老民居在原地被原样保留下来，同时被保留下来的还有那棵有着八百多年树龄的菩提树，那座斑驳古旧的魁星楼，那个20世纪80年代还在使用的小磨坊，那间曾经叮当作响的铁匠铺，那条数代人走过的石板路……

张坝古村共有28座院落，全都是土墙老瓦、黑檩旧梁，墙体为石渣土筑起来的板墙，屋内细泥覆面。院子大多为合院，有正房，两侧也有厢房。村子中间，有一座悬着的吊楼，人称观音牌楼。吊楼旁边是一棵大树，当地人叫桫椤树，后来随着文化的交流叫成了菩提树，树身较粗，一个人双手合不了围，上边挂着一些红布条，是村里善男信女们祈福祈寿后挂上去的。村口立有一块木制的牌子，上面勾画着景区已经打造和准备打造的图标及愿景，有鸟鸟桥、魁星楼、博物馆、崖蜜馆、花椒馆等。

陇南市按照党中央、国务院关于加强保护传统村落，改善人居环境，实现传统村落的可持续发展的指示精神，围绕“陇蜀之城”建设，在张坝古村落着力打造“陇南传统民居泛博物馆”，为研究陇蜀文化、古蜀道文化、活化传统民居的建筑价值提供一个窗口。同时，邀请传统工匠集成甘肃南部山区土木建筑所涉及的传统技艺，在原有老屋基础上复建了两个院落，作为泛博物馆的主馆，将陇南一带的清代、民国时期房屋建筑进行复原呈现，让人能更直观地了解陇南古建筑。

陇南传统民居泛博物馆前院正房大厅用模型、图文集中展示张坝古村落整体风貌和专家学者关于陇南传统民居的科研成果。正房二楼集中展示传统木建筑内部构建工艺，有柱、榫、卯、檩、梁、椽、墙、笆、瓦等部件和“墙倒屋不塌的秘密”。前院厢房，陇南市八县一区各有一展室，介绍各县区传统民居的分布、特点、演变等，同时，每县区选择一处具有代表性的传统民居，用模型、影像、照片及文字作展示。博物馆后院正房大厅展示与古村落、传统民居相关的视频、书画、摄影作品。正房二楼为民俗实物展示厅，厢房二楼为老百货商店，具有时代特征的各类货物齐全，油、盐、酱、醋、茶、酒样样都有，给人以怀旧感。

↑ 秋雨中的张坝古村落

打造泛博物馆的目的，在于通过修缮具有较大保护价值的古村落建筑，把陇南市具有代表性的传统古民居和先民的智慧集中展示给子孙后世，让这里成为一个看得见历史、留得住乡愁的地方，成为一个能为乡村振兴提供启示和示范式的地方，成为人们保护传统文化的根据地，成为人们了解和宣传陇南传统古村落的一扇窗口，让更多的人在这里回忆往事，记住乡愁，了解乡俗，增强对传统文化保护的敬畏之心，对天、地、人和谐共存的敬畏之心，对人与自然和谐共生的意识，使人们敬畏自然，拥抱自然，顺应自然，营造一个能使宝贵文化遗产绽放新的光彩、更好滋养人们心灵的地方。

中国民间文化遗产抢救工程

THE PROJECT TO CHINESE FOLK CULTURAL HERITAGES

张坝古村落，距今有一千多年的历史，东接陕西省、南通四川省，地处秦巴山区、黄土高原、青藏高原交会区域，在西秦岭与蜀川之间，气候温润，森林茂密。历代张坝人民生生不息，在这里生存繁衍，以顽强不屈的精神在这边远之地开垦狩猎，与自然顽强抗争，构筑起一方属于自己的乐土，创造着一个个古老的民间传奇故事，使张坝成为陇蜀古道上一颗璀璨的明珠。

↓ 张坝鸟瞰

第一章
千年张坝

陇蜀古道上的千年明珠

张坝古村落位于武都区东南部，琵琶镇东南7公里处，在西秦岭与蜀川之间、陇蜀道上。村子坐落于四方山坪上，依山傍水；村边是大团鱼河，对岸有兰海高速公路穿山而过。对面的新农村居住点楼群，是政府在汶川大地震后新建的居民点。

张坝周边地势北高南低，为山峰高峻的山地地貌，属亚热带半湿润型气候。周边最大河流为琵琶河，主要自然灾害有洪涝、冰雹、地震等，已探明周边地下矿藏有金矿、磷矿等。张坝村粮食作物以小麦、玉米、马铃薯、荞麦为主；畜牧业以饲养生猪、家禽为主；土特产主要有苹果、核桃、梨、蜂蜜、花蘑菇、花

↓ 雨天老村庄

椒、大蒜等。

张坝周边森林植被良好，主要树种有青岗、枫、桦、臭椿、铁松、油松、侧柏、山白杨、山柳、斑竹、筋竹、慈竹、红豆杉、珙桐等。野生动物有岩羊、林麝、青麂、黄麂、猪獾、豪猪、锦鸡、斑鸠、水蛇、土蜂等。

张坝古村落民居建筑属于乡村的传统民居建筑，传承保留了明清时期的建筑形制，这是由地理气候环境与人们长期的生活习惯形成的。在建筑布局上，大多房屋依山就势，坐北朝南，布局合理。三合院建筑结构，既拥有北方建筑的恢宏高大，又融合了江南民宅的精雕细琢。村庄背靠阴山寨子梁，向山是麦秆山，符合中国人取阳庄依山傍水的风水布局。房屋为上下两层，正房三至五间，厢房、厨房、杂物房各具功用，中间院子的两边是台阶，院门位于一侧。一般家庭为独立三合院建筑，有一侧门通户外，两户人家可以通行，邻居间可以相互照应；有战争或在自然灾害发生时还可以通联逃跑。正中偏高的为正房，朝向以利于自然采光为准，依家境贫富有三间、五间之分，中间为厅房，相当于今天客厅，是会客、就餐、祭祀等的场所，厅房内有供桌、椅子等家具，厅房的正中央一般为摆放家神神案或者祖先牌位的地方，侧面靠墙根有一个垒好的四方形火塘，当地人叫作“火炅”；厅房两侧为厨房和睡房。正房前两边为东西厢房，共二层，一层为牲畜圈舍，二层堆放粮食、饲草及杂物，也可随家庭人口增加用来住人或者给客人住。也有一个院两家人或三家人住的。建筑结构方面，绝大多数房屋属穿斗式木结构梁架，双檩双挂，木柱檩梁，明椽明瓦，外墙为夯土打墙，牢固结实，时间久了就长在了地上，与地同体，隔墙为竹篾夹土制作，便于通风透气进光线。房屋一般在穿斗式木构架的外围砌墙，把承重结构和维护结构两者分开，具有“墙倒屋不塌”的优点。这都是老百姓在多年的生产生活中摸索、创造出来的经验。民居建筑有木雕、石雕，民居不彩绘，寺庙多彩绘。民居山墙中梁头有挂木制鱼形图案的习俗，寓意防火，因为民居多为木结构，怕火，而鱼为水中之物，象征水，可克火。

民居装饰上有精美的木雕、粗犷外形和细致纹饰的石雕，自然山水、珍禽异兽、戏剧人物、吉祥图纹、历史典故等内容在室内室外的屏风、窗棂、雀替、走廊台、柱顶石上多有显示。如正房高台多为石头垒砌，经济条件好的人家用的木头也结实精美，会雕梁画栋，饰以精美的石雕，门窗一般都会雕饰花鸟虫鱼、飞

↓ 村庄守望者

禽走兽、琴棋书画、渔樵耕读等，还有象征吉祥的动植物、福字等。窗棂一般为方形窗结构，现保存下来的木雕多为方格类，个别有如意并配鸟兽花卉、什锦嵌花，结构各具神采。在建筑用材方面，多属就地取材，因人因经济而定，人多经济宽裕的可以用良材。石块堆叠筑地基，房基是就地取材的石头，上面是黏土与碎石夯实的土墙，防寒保暖。墙体多选择黏土作为主料，混合配有石灰、河沙、瓦砾和干草，木料出自周边山林。由于当地雨水较多，屋顶出檐深，伸展长，多采用悬山式，以导流雨水，庇护房前走廊和屋后土墙。房屋冬暖夏凉，美观牢固，在密集的状态下较好地解决了日照、通风、保温、隔热、反光和防噪等问题，体现了先民的智慧。

↓ 柱础石花

张坝记忆

在大山的褶皱里，陇南走过了沧桑的历史岁月，从古老的史前文明到先秦故里，从历史悠久的古武都郡到今天的武都区，张坝古村落与其他地方一起共同谱写了陇南人类早期活动的历史。然而，随着时间的推移、社会的不断更迭，张坝古村落也在发展变化，加之移民的到来，文化、经济在这里交织、融合，移民与原住民一起构成了张坝古村落的全部。

因为国家建设需要，历朝历代都有移民政策。在古代，由于战争、自然灾害、疾病等会对整个村庄造成灭绝性的打击，国家对移民非常重视，移民不仅可以守住土地、拓展疆域，还可以推进社会

↓ 阴雨天的老房子

发展、文化融合。据有关史书记载，“湖广填四川”就是发生在元末明初和明清时期的从湖广向四川的大规模移民潮。其中，从清康熙十年（1671）大规模开始到乾隆四十一年（1776）为止的移民运动堪称规模最大，历时最久。

所谓“湖广”，原指元代所设湖广行省（含湖南、湖北、广东、广西和贵州一部分）的简称；到了明代，湖广行省分为广东、广西、湖广三个布政司，这时的湖广布政司辖今天湖北、湖南两地。今天的四川人有很多祖籍在湖广。民国时期《巴县志》中记载，自从晚明张献忠“屠蜀”以后，四川当地人为之一空，外来移民中十个里有九个是湖广人。《资州志·杂编》记载：“本境分五省人：一本省，二楚省，三粤省，四闽省，五赣省。”

因张坝地处陕甘川交界地带，元末明初，也无形中受到“湖广

↓ 太阳下的老房子

老房子一角

填四川”移民垦荒政策的影响。据传，张坝的先祖们大多是从湖北麻城、孝感迁徙而来。至今，在张坝的父辈中还传诵着大迁徙时麻城、孝感人的歌谣：“麻城孝感顶呱呱，家家都种牡丹花，收益胜过种桑麻；老天为甚不睁眼？强徙老子填蜀巴！”现张坝人也自称“泾阳大槐树麻城、孝感人。”

明朝末年，政治腐败，民不聊生，天下大乱，先后爆发了多次农民起义，涌现出李自成、张献忠等轰动朝野的农民领袖。后来张献忠占领四川建立大西政权，由于法令和政策不利民生，加上连年征战，百姓无法生存，先后迁至陕甘等地。张献忠死后，1650年前后，清军在四川等地和张献忠部将率领的农民军交战近二十年，四川男子几乎全部从军。清廷占领四川后也进行了残暴杀戮，四川一些地方甚至出现千里无人烟的惨烈场景。

据记载，在康熙年间，为了恢复生产，增加赋税，清廷强行从湖广迁入三分之一的人口，以填补四川人口的空缺。

据说，最早迁到张坝的祖先只有8户，50余人。他们淳朴善良，休养生息，积极融入当地自然环境，涵濡于圣贤有教之家，无华丽之饰，多礼让之风，尚气力，多勇敢，冬狩猎，春农耕，全族乐业，豪无骄浮之俗。张坝虽山多地少，但在祖先们的辛勤劳作之下，开发了新的物产，有麝香、熊胆、崖蜜、柿子、木耳、杜仲、荨麻等。

经过多年的辛勤劳作，先民的生活已接近自给自足，近20户120余人多次动土木、修房屋、水磨，还修建了寺庙，至明末清初形成了张坝古村落。

老房子一角

老房子中的储物器具

老房子一角

房檐下

大门

老祖宗留下的老地方

据史书记载，北宋真宗年间，地处秦岭以西、与川蜀相邻的张坝地带系西番居住之地，此地时有作乱，地方官员飞奏朝廷，真宗皇帝赵恒遂派杨六郎征讨，西番王素闻杨六郎之威名，不战而退，带着人马撤向甘南、青海一带。杨六郎观此地人烟稀少，立即上报朝廷移民到此，并派兵驻守，此后西番再也不敢作乱。

张坝祖先被朝廷派迁至此，按照风水布局选择张坝居住下来，繁衍生息。后来，又有一大部分人由于战争和疾病从张坝迁徙至陕西省宝鸡、咸阳一带。

↓ 春天的张坝

传说，康熙十年（1671）的秋天，在琵琶通往张坝的道路上，外地学艺、流浪了多年的张仪归来。当他来到自家门口时，心中顿时泛起无限的凄凉。放眼望去，整个院内院外一片狼藉，老房子多年无人打理，在岁月的洗刷下已经没有了昔日的容颜。他随即急切地查看整个村庄，只见一幢幢矮小的房屋立在那里，不堪入目的旧颜写尽了岁月的沧桑；还有一片片废墟之上，遗留的只有断壁残垣，人去楼空，毫无生活的气息。当张仪行至村子最南端时，见到留在村子里的二伯父、二伯母，问明情况，才知是他走后的第三年，来了一股土匪，将村里的家家户户抢劫一空，翌年又遭遇了瘟疫，死了好多人。大家认为此地太邪了，不适合人居生存，年轻一辈大多搬迁至外地了，到底去了哪里，老两口也不清楚。两个老人因年龄也大了，想着去哪里都免不了一个死，所以就留下来了，用余生守着祖祖辈辈生存的家园。

↑ 夏天的张坝

↑ 青瓦

↑ 初春

↑ 张坝古村落标志

↑ 村落一角

↑ 石阶

张仪也讲了他和亲房（方言，家族至亲）的两位哥哥一起出门讨生计，辗转很多地方，后来到了太白山一带，遇到了在太白山隐居的采药老人。老人姓刘，兄弟三个称其为刘叔。刘叔医术高明，识得各种中药材并通晓制药方法，是一个很有品行的前辈。刘叔教会了张仪三兄弟如何为人处世，后来两位哥哥相继在陕西做了上门女婿。张仪学有所成，一心想着回张坝为村里尽一己之力，作一些贡献，于是辞别刘叔而归。

张仪回村后，振作精神，把破旧的房子重修了，第二年又把各处的荒地重新开垦出来，种上了苞谷、小麦、土豆、花椒、天麻等作物，还养了狗、猪和鸡。后娶谈氏玉莲为妻，二人相亲相爱，男主外女主内，十几年后就成了五儿三女的多口之家！

在这十多年中，夫妻二人共同抚养儿女，耕种土地，慢慢地摸索出一套适合当地发展的种植技术，种植桑树、核桃和大黄。村外四方山张家林有大片的漆树和大量的青岗树林，他们又雇长工割漆树取漆，砍青岗树种木耳。张仪一家还养蚕、养蜂，家庭产业慢慢壮大。到他五十岁时，儿女相继长大。他的五个儿子，长子取名张凤飞，次子张凤鸣，三子张凤缨，四子张凤羽，小儿子张凤翔。

为了培养孩子，张仪请私塾先生教其子女孝悌、礼貌、谦让、行善、积德、修身、齐家等。五个儿子都谦虚、上进、好学，一个个都成了通晓笔墨的良善之人。在五个儿子中，老二张凤鸣天资聪慧，很爱医学，张仪就把自己从太白山刘叔那里学来的识药、采药、制药、医病的全部知识教给张凤鸣，张凤鸣后来成了方圆百里

↓ 陇南传统民居泛博物馆一角

广受欢迎的名医。

直到张仪七十岁时，由于家里人口众多，五兄弟决定分家，老大张凤飞被分到麦秆山张家坪，其余几兄弟皆分到张坝村。

七十五岁时，张仪因病而终，儿孙满堂的他久久不想离开人世，不想离开他耕耘了一辈子的土地。他死后，儿孙们非常伤心、不舍，请了当地的阴阳先生为其做了七天七夜道场，超度亡魂，并奉其为神，尊称为“金龙白马”。那时正逢清朝的康乾盛世，天下太平，兄弟五人遵循先辈遗愿，个个忠贞、信义、淳朴、善良、刚正不阿，这种家风一直流传到今天。

直到今天，其族人还把张仪敬为神来祭拜。

↓ 天井

石磨与老房子

中国民间文化遗产抢救工程

THE PROJECT TO CHINESE FOLK CULTURAL HERITAGES

张坝气候条件适宜农作物生长，森林覆盖面大，水土流失少，这里的人们以农业生产为主，自给自足，常年过着日出而作、日落而息的农耕生活，有着典型的陕甘川交会地带的农耕文化特性。张坝的石头最为独特，这些石头遍布山野，也遍布老百姓的院落，是张坝人与自然亲近的见证，记录了张坝人的坚守和成长。张坝的崖蜜最为香甜，不仅可以给劳作之余的张坝人润喉、解渴、解乏，还承载着张坝人未来甜蜜事业的希望。

↓ 收获满满

第二章
麻辣甜蜜的相守

四季耕作

张坝气候条件适宜农作物生长，森林覆盖面大，水土流失少，这里的人们常年过着日出而作、日落而息的生活，有着典型陕甘川交会地带的农耕文化特性。

在春种秋收的往复轮转中，张坝随处都能听见古老的牛歌和情深意切的山歌，还有放羊娃的牧歌、孩童的儿歌，悠扬的歌声飘荡在大山深处，充满了活力。

当地谚语有“谷雨前后，栽瓜种豆”之说。春天来了，休息了几个月的农民又开始忙碌了，停歇了几个月的农具、耕牛开始出山，翻地打土准备播种。而这一带最适合生长的农作物，主要还是

↓ 晒种

↑ 农耕

↑ 将苞谷绑在一起后挂起来晾晒

小麦、洋芋、苞谷，这三种农作物成为世世代代张坝人赖以生存的主食。

“牛儿倒回来！”一声回牛歌，唤醒了沉睡中的土地。农历二月底到三月初，已是种洋芋、苞谷的最佳时间。在没有地膜，没有化肥的年代，勤劳的农民已提前将农家肥背驮到地里，所谓“庄稼不上粪，等于瞎胡混”“庄稼一枝花，全靠粪当家”。

经过挑选后，用小刀切下洋芋发芽部位，即是洋芋“种子”。播种洋芋时，大部分人家用牛耕，一人耕地，一人放种，一人施肥，农家肥要施在洋芋种上，来来回回，往复多次。

种苞谷，有时用锄头一株一株地种，有时把地翻松，撒上种子再浅耕一遍。农历四月苞谷出苗后，要合理减少植株，锄草上粪，农谚有：“田禾不锄草，要被杂草咬。”锄地，可以激活土地，唤醒土地的力量，是庄稼生长过程中的主要农活，有谚云：“锄下有三宝，一水二火三锄草。”

农历的六月是农忙季节，夏收小麦，谚曰：“六月里忙，绣女都得请下床。”

↑ 镰刀

农历八月，洋芋、苞谷都已成熟，便进入秋季收获阶段。收完这些后，就是紧锣密鼓播种小麦，这一月也是庄稼人最忙碌的一月，有谚曰：“庄稼人的八月，买卖人的腊月。”所说的正是要种、要收的忙月。

种完小麦，基本上就消闲了，一年的劳作也基本结束，接下来就是冬藏，做好过冬、过年的准备。“大寒小寒，收拾过年”，也要做好第二年庄稼的准备工作，比如积肥、选种等。

四时八节，耕种为先，庄稼人的庄稼才是活命的宝，四季耕种就是老百姓最重视、万万不敢马虎的大事。

特色农业

张坝茯苓

↑ 茯苓

↑ 茯苓

茯苓是一种菌生植物，需要依靠寄生获得养分生长，一般寄生在松树根上、青岗棒上，形状看起来像甘薯，外皮是黑褐色的，具有很高的药用价值。天然野生茯苓在张坝一带山地随处可见。

为改善生活，增加收入，人们开始种植茯苓。人工种植收益很高，种植100斤茯苓种子，第二年能收成品1000斤左右。因为是菌生植物，种植程序比较复杂，对土壤、菌棒、环境等都有要求。菌棒以青岗木为主，桦木、硬杂木都可以，最佳取材时间是入冬后四九、五九左右。砍下木材后放置七八天，让水分自然风干，以免埋入土内生根，生根成活的木材不会生菌；之后把木材截成约一米长的木棒，用凿子或斧子在木材上开些不规则的小口；整平土地，开约木棒长短深的渠沟，把木棒一根根摆放在渠沟里，渠沟的长度按地形和材料的多少而定，再把蜜环菌放在木棒开口的地方，用树叶和腐质土将木棒盖住。一年后，木棒上长满黑丝线一样的细丝，再慢慢长成成品，菌棒就成功了。

张坝花椒

张坝花椒历史悠久，早在西汉时期就有了栽培、管理的成套技术，唐宋时期得以发展，唐开元年间，花椒已成为贡品。明初，武都一带的花椒由“土贡渐合于正赋，常额征解一百斤”，花椒在当时已由朝廷贡品而列为纳税项目，这一带的花椒口感醇厚，民间有“心黑脸红叶子麻”之说。

《范子计然》记载：“蜀椒出武都……熟时取黑子，四月初，畦种子，方三寸一子，筛土覆之，令厚寸许……若移大栽者，二三月移之。此物性不耐寒，阳中之树，冬须草裹，不裹即死。”

大红袍花椒是著名的花椒品种，包括张坝在内的武都多地都有种植。椒粒色红油重，粒大饱满，香味浓郁，麻味醇厚，药效成分

↓ 花椒

多，精油含量高。据《名医别录》记载："蜀椒出于武都山谷。"其不仅品种优良，还有药用及保健价值。据《艺文类聚》记载："蜀椒久服之，头不白。令寒者热，热者轻，轻者重。出武都色赤者善。"

"桃三、杏四、梨五年，想吃核桃得九年，当年的花椒得本钱。"这一农谚说明花椒种植收益快。张坝自古就是大红袍花椒的故乡。1994年举办的首届全国林业名特优新产品博览会、首届甘肃省土特产品展示会上，张坝花椒均被评为金奖。2000年，张坝被国家林业局命名为首批"中国名特优经济林花椒之乡"。

↑ 花椒

张坝天麻

天麻药用价值很高，很受群众欢迎，因其祛湿功效，特别受南方群众的欢迎。据《神农本草经》记载，天麻原名叫"赤箭"。在《本草纲目》里，天麻被称为"定风草"。据传说，天麻是天上仙女所赐，故称"天麻"。天麻属兰科，是多年生腐生直立草本植物，全株无绿叶，不含叶绿素；地下有肉质肥厚的块茎，块茎呈椭圆形、略扁，皱缩而弯曲，大小不一，其表面呈黄白色或淡黄棕色、半透明，有节状环纹。天麻的籽很小，需在五百倍的显微镜下才能看见，因此栽培相当困难。在过去，人们没有掌握天麻的生长规律，因此称它为“神药”。民间就有这样的说法：“深山天麻真是奇，神仙播种地下生，果实成熟见其踪，凡人无法能栽种。”这种富于传奇色彩的说法，连著名药学家李时珍也相信。张坝至麻崖子梁一带的山区及康县等地，以丰富多彩的生物资源而堪称“陇上宝地”，天麻就是这里生长着的万千植物中的奇葩。

↑ 天麻

天麻含有维生素A、天麻苷、香荚兰醇和多种生物碱，在药坛上具有举足轻重的地位。在中医学上，天麻以块茎入药，性平、味甘，既有祛风镇痉、止痛提神、益气养肝、降低血压的功效，又可医治昏迷惊风、口眼歪斜、神经衰弱、肢体麻木、小儿惊风等症。

在种植上，天麻对阳光的要求高，需要阳光充足的地方。先选择疏松肥沃的土壤，再进行翻土、施肥；控制好间距，不要种植得过于密集；适当浇水，一般2~3天浇一次水，浇水后不要出现积水现象。施肥的肥料选择有机肥。在出现虫害的时候，需要打一些低浓度的农药来杀死害虫，从而确保天麻生长。

会说话的石头

张坝多山多石，山和石在这里相映成趣，构成了张坝坚硬的气质。每走一步，每到一处，都会看到许多石头，这里的石头安静、平和，而其不平的棱角，都显示着沧桑与世道的轮回，岁月在这里凝固、定格。有位诗人在他的诗里这样描写张坝的石头：

张坝在岁月的心跳中，
将石磨打成雕像，
守望着他，
张坝的石磨不挪窝，
喜欢蹲在老地方。

↓ 石阶

↑ 石阶小路

石头在有意无意中已经成为张坝人生活的一部分。那山野里、河边上、寨子沟、房窠院里，随处能见到各种各样、形态各异但又滚光溜圆的石头。有石头装饰的墙壁、石头铺成的路面、石头打造的台阶，还有那些稀奇古怪的碉堡，甚至连夯土打的墙里都有许许多多的石头。这里的石头似乎在张嘴说着有关张坝的古今，也似在安静地听着张坝的方言土语。

张坝河里的石头青绿发亮，很像陕甘川交会地带的人的气质，既像甘肃，也像陕西，有时也凑凑热闹像四川。那些河里的石头任凭团鱼河里的水冲刷，走过春夏与秋冬，是河里的水唱歌时的琴键，也是河里的水微笑时的掌声。这些石头，有的大、有的小，有的像人、有的像兽、有的像物品，形态各异，且以青绿为主。这里的石头也算幸运，并没有像远在武都城的白龙江石头那样被一些奇石收藏爱好者所青睐，而是静静地躺在团鱼河里，成为张坝水中的主角。

那些砌墙、砌房、垒地边的石头，是张坝最有棱角的石头，它们大多数有几何形状，一般是以长方体或正方体最为讲究，往往貌不惊人，却承载着一个村庄或一个家庭的兴衰成败，真有白居易《太湖石》诗中“烟翠三秋色，波涛万古痕。削成青玉片，截断碧云根”的美。从张坝的古村口拾级而上的台阶，到那一座座房子里墙角下砌的石头，再到寨子沟里老百姓修梯田垒地埂的石头，甚至到寨子梁那些围过城墙，上面沾满了多少张坝先祖们汗水的石头，它们是听着张坝人的劳动号子和寨子梁的山歌从山底搬到山顶的，它们也是听着张坝人的古今春秋上寨子梁的，它们砌在村子的家家户户的墙底下，听过村子里的家长里短、七嘴八舌，见证过村子里的兴衰成败，它们才是整个村子里的精灵。

张坝村最有文气的石头是那些石雕，那些憨态十足、充满人情味的石狮子、石像、石磨、石花、石鸟，它们是村里人精益求精生活的真实写照。在古老的农村，在传统的农村，在人们疲倦的生活劳作之余，石雕展示了张坝人最为细腻的心声，它们才是村里人世世代代的“石头记”。石头因为坚硬，女娲才选择了五彩石去补天；也因为坚硬，伏羲女娲才笃定用两台石磨能合到一起促成兄妹成亲；更因为石头坚硬，古人才有“譬之若以卵投石”之说；也因为它的坚硬，而雕成各种各样的柱顶石，给人以厚重和稳当。石头也在人类历史的长河中作出重要的贡献，那些远古的石斧、石铲、石针，就像今天张坝的石磨一样被人们欣赏崇拜。

张坝的石头遍布山野，也遍布老百姓的院落，这里的石头既是张坝人与自然亲近的见证者，也是张坝人坚守和成长的参与者。张坝的石头起源于团鱼河里的圆光石，终结为那些口淌白色豆浆的磨子石，生生世世、世世代代，慢慢磨出来的乡愁，余味悠长；天天长高的乡愁，开花结果。

石雕

石雕

柱础石

石雕

石槽

石凳及石磨

历史悠久的崖蜜

↑蜂王爷塑像

陇南蜜蜂养殖历史悠久，关于崖蜜、蜂蜜，陇南史书多有记载。《名医别录》记载：“石蜜生武都山谷。”“土蜂生武都山谷。”“蜜本经，盖以生岩石者为良耳。今直题曰‘蜂蜜’，正名也。”这里所说的“生岩石者”正是前几年热播电视剧《甄嬛传》里提到的“武都崖蜜”。特别值得一提的是，在张坝至麻崖子梁一带，及至裕河的民间还有敬奉蜂王爷的习俗。而值得玩味的是，这里敬奉的蜂王爷并不是公认的出生在东汉时期汉阳上邽、与陇南毗邻的今天天水养蜂鼻祖姜岐，而是穿着蓝色明朝官服，手拿蜂斗的木雕造像，这也证明了陇南民间的多信仰习俗。

张坝一带自然生长的树种多，这种原生态的优越自然环境适宜养殖蜜蜂，这里所产的“武都崖蜜”为中华蜂蜜精品。因其收获时间和蜜源植物不同，“武都崖蜜”为从浅琥珀色到深褐色颜色不等的液态或结晶固态，色泽均匀，内容物无蜜蜂肢体、幼虫、蜡屑及正常视力可见杂质，透明度极高。

明代李时珍的《本草纲目》中有“上蜜出氐、羌中最胜，甘美耐久，全胜江南者”的说法，这里的氐、羌指的就是今天的陇南一带。崖蜜气味纯正、蜜味浓郁，散发着特有的蜜香，气味持续长久。如果你忍不住蜂蜜的甜蜜诱惑，可以取少许蜂蜜放在舌头上品尝，能够感到甜润和纯正的香气，甜而不腻，绵软细腻，无杂质无异味，清香持久。古人用“采得百花成蜜后，为谁辛苦为谁甜”来赞扬蜜蜂的自我牺牲精神。土蜂分巢后，等安排好蜂王，便开始大量做蜂房，土蜂采来的花蜜要装进蜂房，经过蜂类的吞吐后放进巢房，花蜜经发酵变成蜂蜜。在当地，农历八月十五中秋节的晚上，各村庄到处是敲蜂巢的声音，这是开始刮蜂蜜了。根据多年的经验，给蜂儿留足过冬的食物，多余的蜂房全部切除，把切下来的蜂房放进盆里，用勺子搅碎，用棕片铺在竹子编的蒴蒴里，慢慢过滤，待蜂蜜分离出来，剩在蒴蒴里的就成了蜂蜡和蜂渣。把过滤后的蜂蜡在锅里用水加热，蜂蜡比水轻，融化后漂浮在水面的边沿，用勺舀出，把舀出的蜂

↑ 蜂蜜

↑ 蜂蜜

蜡再加热过滤，便成金黄色的黄蜡。黄蜡是祭祀必用品，在陇南张坝、琵琶、裕河等地农村集市常有手工黄蜡出售。

浇灌蜡烛很讲究：割来新长的实心竹，筷子粗细，要放在清洁处，不能脚踩，削尖一头，缠上干净的新棉花，在木板上搓紧；将干净的清油放入土罐子里，烧热加入黄蜡，一斤清油用二两到三两黄蜡，边煮边提蘸，用筛子或竹篮一排排排列，往复插入罐了，蜡烛一层层变粗加长。

用温开水把蜂渣里残余的蜂蜜洗净，把水过滤后，加入少量的粮食、黄酒，等发酵后装入土缸，这便是香甜可口的“蜂糖酒”。蜂渣也是宝，它是除风祛湿的最佳药物。

蜂巢

↑ 张坝初春

中国民间文化遗产抢救工程
THE PROJECT TO CHINESE FOLK CULTURAL HERITAGES

一方水土养一方人，张坝这方水土养育了这一带人的民间技艺及生存方式。张坝村的豆腐最为独特，这与其得天独厚的地理环境和湿润的气候有关。正是因为这里的山、这里的水、这里温润的气候，以及传统技艺的代代相传，孕育出了特有的张坝美食——豆腐，豆腐已成为张坝人生活中最重要的一部分。除了豆腐、豆花，还有这里的老中医、砖瓦窑、粮食酒、榨油坊、水磨坊、民间工艺等，都成为张坝不可或缺的技艺与记忆。

↓ 砖雕

第三章
技艺与传承

热气腾腾的豆腐坊

陇南各地都种黄豆，因而豆腐在陇南各地多见，是老百姓最喜欢的食品之一。而张坝村的豆腐最为独特，这与其得天独厚的地理环境和湿润的气候有关。

正是有了这里的山、这里的水、这里温润的气候，以及传统工艺的代代相传，孕育出一种特有的张坝美食——豆腐，豆腐已成为张坝人生活中最重要的一部分。石磨是张坝村家家户户都必备的古老生活工具，豆花面是张坝人常吃的特色面食之一。村子里有一两个豆腐坊，制作豆腐用的是最原始的手法。做豆腐师傅每天黎明就起床，将泡好的黄豆倒在石磨盘上，磨豆、加水、打豆浆，一天做豆腐的工序就这样开始了。打豆浆是个苦活儿，手臂推着石磨一圈一圈不停地转，豆浆磨得越细越好。接下来将稀释好的豆渣浆倒入纱布制作的网兜中，双手各拽纱布一端，左右晃动，豆浆开始一滴一滴地往下渗，一锅豆浆在过滤时差不多需要摇动五六十次，而且用力要匀。再

↑ 豆腐坊内生产用具

↑ 豆花

下来就是点豆腐。点豆腐是个技术活儿，老师傅都轻车熟路，手起瓢落，如此数次，一大锅乳白色的豆腐花儿就点出来了。最后一道工序是压豆腐，把豆腐花儿灌到木盒中的纱布包里，用石头在上面压方成型，不过一个时辰，色白、质嫩、味鲜、犹如羊脂白玉的豆腐就制作成了。

从营养学角度讲，在蛋白质的提供上，大豆食品是唯一能够抗衡肉类的植物性食材。豆腐是温和的，犹如水一样有平和中性之感。与豆腐有关的食品真是多不胜数，有豆浆、豆花、豆皮等等，最闻名的要算那臭得出奇、臭得过瘾的臭豆腐了，与豆腐有关的名人要算那个“豆腐西施”杨二嫂了，只可惜她不是张坝人。中国古人称赞豆腐有“和德”，即惠及百姓之恩德，自古人发明豆腐美食到现在，营养了国人两千多年，并惠及海外。“和德”，也是张坝豆腐的美中之美。

↓ 过滤豆浆

醇香浓郁的大曲酒

清澈甘甜的大团鱼河水滋养了这里的灵秀，也孕育着独特的味道。从张坝沿河而上约20公里，就是麻崖村，麻崖梁是武都东路片的界碑。

水是酿酒的灵魂，在南山奇观亮窗眼山脚下，有一股清泉从崖中涌出，冬天雾气腾腾，夏天冰凉刺骨，这就是成就麻崖大曲得天独厚的首要条件。

小麦、玉米是这里的主粮，为酿酒打下了深厚的物质基础，酿酒工艺在此才得以流传千百年。

酒曲采用民间老酒曲，有发酵慢、酒味浓郁、不上头等特点。

几百年来，这里酿造的酒叫“粮食酒”。将精选的玉米、小麦

↓ 晾料竹器

↑ 酒甑

放入大锅煮，煮熟后倒入竹子编的大筐，不时翻动，让其自然降温，这时的温度是最考验酿酒师水平和经验的了，热了有酸味，冷了不容易发酵，这也是入酒曲的关键时刻。

待到温度适中，加入酒曲搅拌均匀，加盖适度的棉被，让其发酵，存放两三天便酒香扑鼻，这时要掌握好时机，将发酵的酒料装入土缸内封口，十二个月后开缸。

烤酒是酿酒的重要环节。烤酒，顾名思义，“烤”才是关键，用简易而独特的蒸馏装置——蒸馏锅，炉膛里烧着山上的柴火，火候的掌握大有门道。把缸里的酒料、粮食和酒水混合物装进蒸馏

↓ 酒坛子

锅，在蒸馏锅下面加热，蒸发的气体通过竹筒进入甑缸，甑缸温度保持在15℃，起到冷却的作用，气体遇冷凝结。甑缸内是天然纯净水，水质的好坏直接影响酒的质量，张坝一带的酒自然是用张坝一带的水最好，麻崖大曲当然是麻崖梁的水最好。经过甑缸冷却的蒸馏水就是酒，从竹筒流出，流入土缸内，流满一缸后用泥封口。

俗话说，酒是陈的香。酒也是时间的艺术，岁月会将新酒的燥烈在时间的积淀中变得温文尔雅，荡气回肠，酿酒是万万急不得的。一般情况下，一缸酒料可以烤两锅酒。这样的一锅酒加工时间需十二小时左右，每一百斤粮食出酒约二十斤。在张坝麻崖梁一带真正的纯粮食、纯手工、民间制作的酒就叫“麻崖大曲”。有几句话说得好：“山里的酒带着山里的味道，山里人不能没有山里的酒。”村民们以喝自己酿的酒为荣，喝自己酿的酒，过瘾舒畅。于是，喝上几口麻崖大曲，迷迷糊糊，不经意间你也就成了张坝人，抑或成了张坝的神仙。

↓ 酿酒五色粮食

年复一年的榨油坊

当地俗语就有“油坊水磨，早种晚收”的说法。

千百年来，张坝人吃的清油是用自己种的菜籽、麻籽、核桃、花椒籽、漆树籽等原料，拿到油坊去榨的。

油坊选址比较特殊，最为理想的就是在路边找个离地一米左右的崖洞。榨油的设备是用最原始的杠杆原理，油担的一头楔入石崖，下边的支点就是油盘。把菜籽或麻籽或其他原料在石磨上磨细，用大锅炒熟，用棕片制成的油包包紧扎牢，放入油盘，再把油盘放到支点上。油担是一根七八米长的大木头，在油担的动力臂上加力，在强力的作用下油从油盘流出，顺着边沿的凹槽流向油桶。另在油担的动力臂上凿一长约30厘米、宽约5厘米的槽洞，将一根硬木枋穿过这个槽洞，这根木枋上面顶在崖上，下面立在硬地面上。榨油时，硬木枋一头用楔子加固，给杠杆的动力臂再加力，直至把油榨完为止。

因为油在生活中比较金贵，这个油包里的油渣还要加温再榨两次才算完工。油坊里到处是油，容易污染衣服，老百姓就有“进了油坊门，不得干出身”的说法。

榨油是个力气活，当汗流浃背的几个壮汉也就是“油客”把油榨完时，要付给相应的酬劳或留下一些油或油渣。在过去，生活并不宽裕，连粮食都不够吃的，油就更少了，因此给“油客”一些油或油渣，也算是不错的酬劳了。

逝去的水磨坊

水磨坊，是团鱼河一带张坝人吃饭最重要的作坊，沿用了千百年，直至被钢磨代替。

建造一座水磨坊，在以前是件不容易的事情，不是谁想做就做得了的。一是要有经济能力，修建一座水磨坊要花好多钱。二是要有地方，水磨坊选址是很重要的，既要选安全地带，又要容易把水引来，引来的水落差要大要有压力，才能把水轮冲转，带动石磨。

水磨坊首选是“鹅池”，也就是安装大小水轮的磨坊下层，这层的下面都要用石头砌成。磨坊上层是一间大房分成两半，一半用木板铺成，高出地面约50厘米，这是磨面的加工区域；另一半是生活区域，烤火、做饭用。

“盘轮”“打磨”是木匠和石匠的活计。木匠“盘轮”也就是

↓ 老磨坊一角

↑ 老磨坊中的石磨

做水轮。水轮是中心轴，要用经久耐用的铁木或青岗木为材料，因为所有工作的动力都由它来承受，水轮圈一般用核桃木，核桃木耐朽结实。大水轮中心轴约半米的直径，外有一大一小两个圈，大圈直径有2米，小圈直径约1.2米。大小圈和中心轴由用硬木做的辐条连接，小圈上用硬木安上许多齿，大圈上用木板做许多形似勺子的剥子，水冲进剥子带动大水轮转动。小水轮有一道圈，圈上有许多用硬木做的剥子。大小水轮之间由一根长木头连接，小水轮的上面就是石磨。为减小摩擦，下面是针状的铁钉。大水轮和小水轮的剥子互相咬着，水从水槽冲下，大水轮转动带动小水轮，便可做工了。

木工做完这个水轮，需要一个人花两个月的时间，这里包含的知识也比较复杂，全凭师父带徒弟来传承，一般的木匠是干不了的。

石匠“打磨”选材也有很高的要求，石头要硬，大小要适中，上下面要平，这样磨面快、省工。

安装好大小水轮，放上石磨，放来水，一座水磨坊就开始运营了。水磨坊曾经在每个有水的地方都有，因为人人都要吃饭，家家都要生活，水磨坊也寄托着人们的情感，衍生出许多与水磨坊有关的故事。

被岁月淘洗过的砖瓦窑

砖瓦房是人类由茅草房迈向文明的一大进步，砖瓦是房屋建筑的必需品，也是衡量一家人品位的主要指标、考验匠人水平的主要指标。在陇南大地上，出土了大量的秦砖汉瓦，古代人烧许多的砖用来箍墓穴，以期盼在地下睡得舒服。张坝村附近出土的宋朝墓葬，就是由大量的砖块箍成的砖墓。时代发展到20世纪末期，农村小型砖瓦窑已全部废弃，机制砖、机制瓦代替了祖辈沿用的火烧砖瓦。在土木结构房屋建筑时期，砖是用来装点门面的，主体是土墙、木架，但瓦是户户少不了的，所以砖瓦窑也遍布各地。

对泥土的要求是烧好砖瓦的必备条件，要用大量的优质泥土，

↓ 瓦桶

泥土要具备黏性强、柔性好等特点。柴火是烧好砖瓦的又一必备条件。好的砖瓦窑先要选好做瓦和做窑的场地，做瓦的场地要宽敞平坦，还要向阳、离土近、离窑近。

和泥是做好砖瓦的基础，先把优质土运进场地，铺平，垒成30厘米左右高的泥堆，再洒上水，浸泡一夜。第二天驾牛踩泥，把牛赶到加好水的泥堆，转圈踩泥，旁边人用锨翻动和泥，做瓦的泥要踩均匀。踩好后，堆起上泥山。在泥山上盖上防晒防雨的覆盖物，各个时期的覆盖物是不同的，从稻草、麻布、衬单、毛毯子到彩条布，不一而足。

做瓦时，把泥山上的泥用割瓦弓切下，用脚踩均匀，再用割瓦弓切下多余的不规则的部分做成泥墙，泥墙的宽因瓦的长度而定，泥墙的长是四片瓦的宽度。

等一切准备就绪后就开始做瓦桶，先是在场地上筛上绵细沙土，把做好的瓦桶放在上面，为的是防潮、防粘地。

瓦桶的模板是将许多木条用棕绳穿起来的，一个瓦桶合起来是一个圆桶，外边四条分界木条，把整个桶平均分成四份。

在场里做个转盘，转盘中间钉一个约3厘米厚的和瓦桶底一样大小的圆木板，瓦桶放上刚好合适，用粗白布缝制的和瓦桶一样大的套子，套在瓦桶上，叫瓦布。一般要四五个瓦布，起到辅助的作用，因刚刚做出的瓦桶很软，一下取掉布就可能倒了或变形，等做到第五个后，再取第一个瓦桶的瓦布，由于经过一阵子的晾晒，瓦桶也就坚硬了些。

瓦桶内有转盘上的木板撑着，外边有瓦布裹着，能稳稳地立在转盘上，用麻溜子从泥墙上划下来一片长方形泥片，围在瓦桶上，高低、长短正合适，泥片的厚度用麻溜子夹死，麻溜子中间是钢丝，用来划泥；再将泥壁抹光滑，用一个切长短的叫撩钎的专用尺，切去多余部分，一个瓦桶就算做成了。晒干后，把瓦桶拍开，再码起来，约做够一万片，才准备装窑。

选窑地有讲究，主要和风水有关，窑背面不能正对本族人的主山，窑门也不能正对本族人的主山，有“一窑烧九穴”的说法，忌讳将窑建在家门口，瓦窑门因烟熏火燎黑洞洞的，民间认为不吉利，给人视觉感受也不好。一般要选在偏僻而且不妨碍人生活的地方建窑。窑是烧瓦的师傅亲自做的，挖好圆形坑后开门，师傅用自做的土坯砖块砌桥梁，建几个桥桩，做拱形桥洞，桥面用砖填平，

↓ 砖雕

再用细土和泥，加入食盐，用含盐的泥抹光内窑，不让透气。抹好后烧窑，把土窑用火烧，为的是让窑桥变坚固，窑内壁不能出现裂纹，以免漏气。

装窑是烧好砖瓦的关键。装窑时把土坯瓦片整齐地码在窑内，码的时候要留出火路、烟路，使每一片土坯都能均匀受热。在开始烧瓦时还要杀鸡祭土神，等连续烧上两天两夜后，准备起“熬火”，这是一窑瓦烧好的关键。把比较硬的柴火留到起“熬火”时用。“熬火”就是上边用土埋着，把火烧得从上边蹿出来，满窑蹿出火苗，火烧得很高很旺，然后封窑，再在细土上铺上泥，抹平，加固边缘，放入适量的水，约5厘米深浅，水不能干更不能漏，水干了，瓦就成红色的，水漏了，就有爆炸的危险，7天后方可放出水，开窑看瓦。这一切都是凭借师傅多年积累的经验来完成，用行话说，烧得好坏就是把握一个火候。

烧砖和烧瓦基本类似，踩泥、上泥山、做泥墙都是一样，瓦桶变成砖盒，用木板做砖的模板，在细沙地上，摆上砖盒，用泥弓切下砖泥，填入砖盒内，拍平，取下砖盒便是一块泥砖坯，做够数量后，便可装窑烧砖。装窑时，留足火路、风路、烟路，因为砖的厚度是瓦的三四倍。

民间工艺美术大师赵世龙

在众多的陇南民间工艺美术大师中，赵世龙是比较全面的一位，因为在他的身上具备了民间艺术家的大部分特征，厚道、善良、热心肠，师徒传承也很好，特别是他还具备了“艺多不压身”的特质，不仅精通木雕、泥塑、古建，还通晓五行八卦、堪舆、中医等，可以说是一个民间艺术行道的全才，也是通才。一方水土养一方人，也正是这里厚重的十万大山养育了这样一位民间艺术家。

三十多年来，赵世龙除了依靠彩绘、泥塑、木雕等养家糊口之外，还立足于当地紫泥土壤，在泥塑方面进行了有意识的创新和突破，不仅带领了一批民间的徒弟，还被陇南市一中等学校聘请为客座教师，让泥塑走进校园，走进课堂。

经过多年的实践和探索，赵世龙在泥塑实践中找到了自己的风格。他善于把握人物面部特点，并将其抽象放大，使泥塑头像更加生动、形象，作品或逼真传神，或憨态十足，很有情趣。他常常在睡觉、吃饭的时候都想着如何创作作品。面对美丽的家乡，赵世龙深感欣慰，他制作泥塑所用的土坯土壤就取自他的家乡琵琶镇一带被称为胶泥子的紫泥。武都紫泥在西汉时期曾作为皇家封泥为世人所知。紫泥色泽红润，质感细腻，可塑性强，不会干裂，和泥时就能感觉到它良好的质感和弹性，这种紫泥做出的泥塑，不干裂、不变形，包浆老道，保存时间长。家乡丰厚的资源为赵世龙发展创新泥塑，提供了得天独厚的自然条件。

赵世龙从小深受父亲赵福喜影响，对民间艺术有独特的爱好，

↑ 赵世龙的泥塑作品

从事民间艺术工作二十余年，共绘制传统财神、家神、下坛神、寺庙彩绘、师人（顶代）等各类彩绘两千多幅，木雕、泥塑（佛）神像百余尊，参与修建寺庙神殿十几座。赵世龙被陇南市评为民间工艺美术大师、古建彩绘非遗传承人，代表作品有古建武都区琵琶寺大雄宝殿及壁画、张坝古村落观音殿塑像及壁画、张坝麦秆山神像雕塑、四川省剑阁县汉阳镇载仙观塑像及壁画、康县店子乡五龙寺及塑像等。

如今传统的农耕文明日渐萎缩，乡土中国面临着向何处去的巨大困惑，泥塑手艺也走到了濒临失传的边缘，但赵世龙一心想着将泥塑艺术发扬光大，他经常给自己的徒弟们讲述泥塑文化的重要性，希望他们能将这门手艺学会、学好、学精，让泥塑手艺继续传承发展下去。

↓ 赵世龙在做泥塑

“福禄双全”木雕

“双狮解带” 木雕

“青狮解带” 木雕

叮当叮当王石匠

王石匠大名叫王稳财，因有一手过硬的石匠手艺，在当地名气很大，大家都习惯称呼他王石匠，久而久之，大家就忘记了他的真名。王石匠已去世多年，他个头不高，面目和善，体态清瘦，走路有点跛脚，一口四川腔，在当地群众的记忆中留下了许多关于他的有声有色的故事。

20世纪80年代末，地处秦巴贫困山区的洛塘、琵琶张坝村一带，地势偏远，交通闭塞，是十足的欠发达地区，当地人的生产用具都比较原始，很多都是采用当地材料手工制作的。最贴近当地群

↓ 石雕

众生活的是磨面靠水冲石磨，以及家庭小型的被称为“腰磨子”的人工小手上磨，就是在磨盘上开个小口，系上绳子，套上木棒靠在人的腰上，靠腰力推动。吃豆浆、豆花用手磨，砸洋芋搅团用石窝。在那个“家中有粮不算富，院中无磨便为贫”的年代，石磨、石窝成了一家人富贵的象征，石匠就当然成为最热门的行业了。

据传，王石匠就是在那个时候从四川讨生计到琵琶一带安家的。因他为人忠厚老实，石匠手艺精细过硬，收费合理，又乐于助人，在当地很快就站稳了脚，而且赢得左邻右舍的尊重。他做的石器，不但耐用，而且做工精细，样子新颖，十里八村都乐意请他出门做活，而他也不耍滑，从选材料、运输到打磨，必须亲自操作。他对选石材料也很讲究，在河坝里挑选大水常年冲磨过的没有裂缝

↓ 古代武将石雕

的青色花岗岩，当地人叫麻子石，有青色和黄色两种，青色硬，黄色较软。这类石头硬度好，耐磨性强，没有横竖水缝，适合打磨圆形石器。在这个时候，他通常都要戴一副老花眼镜，仔细挑选，因为他清楚，选不好材料，就做不出好的东西。如果在选材上失败了，不仅误工，还会坏了名声，得不偿失，所以每一次选石材，他都是仔细端详，认真对待。

在老百姓的心中，请个石匠做工，会拿出家中最好的食物招待，生怕石匠不用心干活，做的石器日后不好用，因此尽管那时生活并不富裕，人们也要让匠人舒心。这难免会引起村子里一些人的嫉妒，从言语上给予匠人攻击，有人还给编了顺口溜："王石匠，打磨子，稀屎拉了一裤子。左脚长、右脚短，吃饭从来不洗脸。"

↓ 石磨

这首顺口溜利用王石匠的身体缺陷进行讽刺，具有明显的侮辱人的意味。王石匠听后却从来不为此恼火，也不生气，总会笑嘻嘻地哼着川中小曲，只管干自己的事情。

石匠是个体力活，力气不足是干不动的。王石匠干过不少人家的活儿，后来因为身体原因就干不动了，他把多年来的积蓄拿出来去看病，也没看出个好歹来，最后一年多卧床不起，在一个冬天的夜里离开了人世。对于他的死，村里人众说纷纭，一个匠人就这么黯然离场。

随着时间的推移和社会的飞速发展，电磨基本普及，人们再也不为吃面而发愁了，打浆机取代了手推磨，石器已被淘汰，光荣地退出了历史舞台，石磨房被拆除，磨盘闲置。只有个别人家的石窝还使用着，在砸洋芋搅团时才会想起曾经有个四川来的王石匠。此时，不由使人想起了新文化运动时期著名诗人刘半农的那句诗：

叮当！叮当！
清脆的打铁声，
激动夜间沉默的空气。

杏林春雨老中医

中医名师杨金华

杨金华（1921—1996），字三娃，是琵琶乡团鱼河一带很有成就的中医医师，因为医德高尚，医术精湛，深受当地百姓的尊重，后人都喜欢称呼他为杨家爷。他出生在一个贫困的农民家庭，有兄弟二人，父亲是旧时秀才，自幼教育兄弟二人读书认字，给老大取名杨金荣，老二取名杨金华，寓意兄弟将来尽享荣华。

二十多岁时，他为讨生计，和村里几个小伙子结伴至四川南坪做苦工，临回家时，步行经过一处山寨，被土匪持火枪拦路抢劫，因躲避不及，火枪沙子弹打穿小脚踝，血流不止，在同伴的拼命解救下，才死里逃生，历尽千辛万苦回家，可伤口早已化脓，痛苦万分。在当时缺医少药的年代，兄长杨金荣看到弟弟的痛苦，十分着急，托人四处打听良医，为兄弟医治脚伤，终于在一个游乡的漆匠口中得知，在武都县裕河乡梨树湾村有一名中医，姓杨名成孝，游乡看病，不但医术高明，而且乐善好施，专为穷人看病。若能请他医治，保证药到病除。为了减轻兄弟痛苦，杨金荣往返160多公里山路，才请来了中医杨成孝。

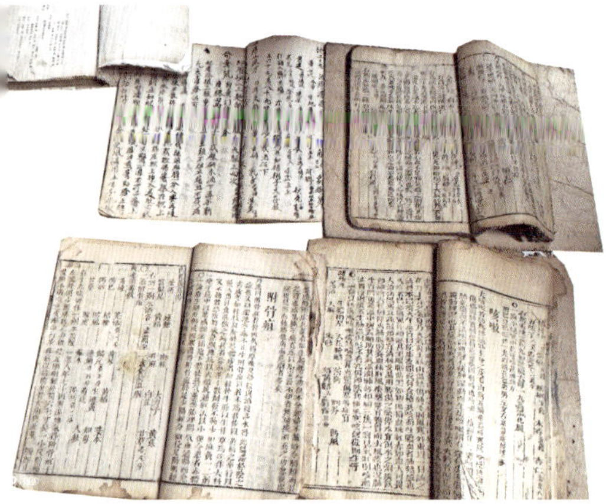

↑ 医书

杨成孝性格沉稳，生活简朴，刻苦钻研医学。每次给病人看病、开方，都十分精心，有的放矢。经他治疗过的病人，十有八九都能痊愈。因为没有伤及骨头，在他的精心治疗下，杨金华的脚踝伤未出一月便被治愈。这一月他们吃住在一起，杨金华和老先生建立了很深的感情。杨金华直爽的性格、聪明的头脑、好学的习惯、忠诚的品质深深地打动了杨成孝的心，杨成孝决定收他为徒，教授治病行医之道。对于看多了生老病死、对病痛折磨穷苦人的痛苦深有体会、一心想拜师学艺的杨金华来说，这是求之不得的事情。

从那以后，杨成孝每次出诊都带着他，让他学习中医的望、闻、问、切，包括观察病人的神、色、形、态的变化；听病人说话的声音、呼吸、呕吐等的声动；还要闻病人的体味、口臭、痰涕、

↓ 杨金华与他的药柜

大小便的气味；询问病人起病和转变的情形，寒热、汗、大小便、饮食等各种状况；背熟脉诀，苦练把脉技术，辨别病情。杨成孝还教授杨金华认识中药品种，掌握药性，熟知中药十八般规律等基础知识。杨金华善思好学，学医看病非常用心，无论是外出诊病、抄方抓药，还是上山采药、回家炮制，从不怕苦怕累。杨成孝非常喜欢这个学生，把自己毕生行医积累的丰富经验，毫无保留地传授给他。几年下来，杨金华在当地已小有名气，能够独自出诊瞧病，而且秉承了老师“医者仁心”的善良品质，给乡邻看病，有钱没钱都要治疗，不论白天黑夜，随叫随到，多给穷人方便。1954年春，经琵琶乡政府推荐，杨金华参加武都卫校集中西医培训后，被分配在洛塘区二院工作。1965年调至琵琶乡毛坡村卫生所，负责琵琶乡上片区域医疗工作。1990年4月离休。

↑ 药箱

杨金华博览医书，广泛吸收各医家的经验，对中医《七十二难经》颇为精通，尤其擅长医治小儿发热、腹泻脱水、妇女“月间病”、跌打损伤等疑难杂症。杨金华从医一生，救人无数，挽救了无数家庭，守护着几代人的健康。

老中医赵福喜

赵福喜（1952— ），高中毕业后，在三河公社卫生院学医三年，这三年他系统地学习了医学理论知识，接触了一线病人。他熟背《医经》口诀，精通药理药性；熟记《脉诀》，掌握把脉技巧。1974年学成后，赵福喜就回家做了赤脚医生，一做就是32年。他博览医书，秉承着“医者父母心”的理念，无惧风雨，不管白天黑夜，随叫随到，看了许多疑难杂症，尤其擅长伤寒杂病、结核病、小儿发热、小儿惊风等，寻医走过的地方有甘肃陇南的琵琶乡、月照乡、三河乡、玉皇乡、五马乡，康县豆坝乡、店子乡以及四川剑阁县等，救人无数，守护着无数家庭的幸福。

↑ 赵福喜

↓ 药柜抽屉

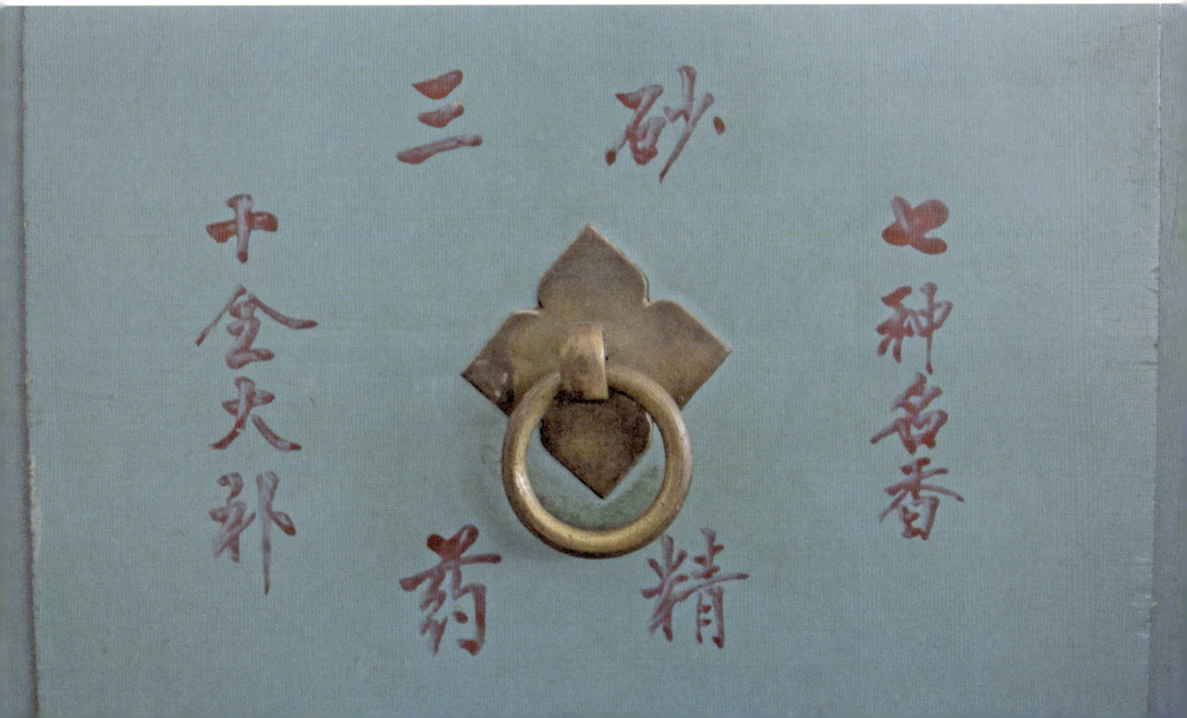

自秦汉以来，张坝就是陇蜀古道上的主要驿站，陕甘川商贾来往于此，官绅过往此地，这为饮食文化在当地的交融与衍生提供了良好氛围。独特的地理位置和气候，造就了这里米面并食的饮食格局；受周边饮食文化的影响，又成就了独一无二的山乡饮食。这里的人们采用本地特产，加工成独具风味的地方小吃，比如吊锅鸡、火锨馍、豆花面、荞粉、洋芋搅团、面茶等，凡此种种构成了独特多样的张坝美食。

↓ 挂在树枝上晾干的咸菜

第四章
食在山乡

筋道又回味无穷的洋芋搅团

最为武都人引以为豪的小吃要算洋芋搅团了，张坝村一带也不例外。因武都方言多为仄声，所以武都人在说洋芋搅团的“搅”字时拉得很长，外地人听起来有一种明显的自信甚至炫耀包含其中，这种无意中的自信给人增加了想大快朵颐的神秘性。搅团对食材的要求既简单又挑剔，简单的是用当地产的洋芋精制而成，挑剔的是除了当地的洋芋之外，其他地方的洋芋很难砸出那种筋道。在以前生活贫困时，搅团是当地老百姓养家糊口常吃的饭，现在逐渐发展成为当地的名小吃，已成为大众喜食的地方特色小吃之一。

↑ 砸洋芋搅团

↑ 洋芋搅团

如果你走在武都的大街上，听见砰砰——砰——砰的敲击声，那肯定是卖洋芋搅团的人家在砸洋芋搅团了。在张坝也是如此。洋芋搅团做法看似简单，实际上很讲究。一般情况下是由家里的男人砸，砸搅团时需要一个木头做的木槽，是用杏树、核桃树等比较硬实的不容易裂缝的木头做的。食量小时，女主人也可以自己用砸窝砸或者在案板上跐（方言，用力搓揉）。女人将蒸熟的洋芋洗净、剥皮，放到清洗干净的木槽里，便开始准备各种调料食材了。在男人汗流浃背的劳动中，几十颗洋芋慢慢成为一大团洋芋泥，这便是洋芋搅团了。这时，勤劳好客的女主人会用铲子铲上一碗，麻利地将各种调料放到饭桌上，然后依食者的喜好加上酸菜或是醋水。酸菜一定要用清油炒好，也有用臊子炒的，醋水里也会加上花椒、生姜、红葱等各种调料。无论你喜欢哪种口味，食盐、蒜苗、蒜泥、油泼辣子、韭菜或者青椒是必不可少的，要是缺了这些，这碗洋芋搅团就会变得索然无味。当地人把自己称为洋芋蛋客，既有几分戏谑的意味，也说明这一饮食在人们心目中的位置是必不可少的。特别是那些远在他乡的游子，要是提到洋芋搅团，小时候的味觉记忆马上启动，甚至会冲昏大脑，口水便不由自主地流了出来，洋芋搅团成为游子们思乡的代名词。

以前，洋芋是常吃的菜，炒洋芋丝、洋芋片，吃面食的时候加入洋芋丁，特别是洋芋搅团最受外地客人欢迎，可以说是顿顿离不了洋芋，百吃不厌。洋芋搅团分热食、冷食两种食用法。热食时放在酸菜浆水汤中略煮一会儿，连同酸菜浆水盛入碗后，调以食盐、蒜泥、油泼辣子等调料即可食用；冷食时则盛入醋汤（炝煮好的调料醋、油泼蒜泥、辣子）即食。

筋道又回味无穷的洋芋搅团是武都大地，尤其是张坝一带人思乡的纽带。

脆嫩可口的凉粉

↑ 凉粉

凉粉在陇南各地都有，做法和吃法也是大同小异。武都张坝村一带的凉粉和礼县宽川乡一带的荞粉很相似，一般是用高山种植的荞麦粉做成。荞麦又有大荞和小荞之分。据古书记载，荞麦的栽培最早起源于中国，距今已经有两千多年的历史。李时珍曰："荞麦之茎弱而翘然，易长易收，磨面如麦，故曰荞麦，而与麦同名也。"荞麦在高山地带多有种植，产量较低，再加上农村自然环境不断变化，野鸡、野猪等也对荞麦很是钟情，一时间荞麦面成了颇受欢迎的稀缺食品。凉粉正是由荞麦面通过多种工序加工而成，吃起来柔软滑爽，极具盛名。制作时将粗荞面粉慢慢散入沸水中，边散边搅，把握好稀稠度至关重要，直至凝结成糊团状，盛在盆子等器具中晾凉。食用时或用专用刮子刮成条状，或用切刀切成块，调入食盐、醋、油泼蒜、油泼辣子等，再加上腌制的萝卜、韭菜等小菜，一般冷食最为爽口，也可与面皮、酿皮、凉面等混拌着食用。天气炎热时，一碗凉粉就是人们降暑的美味佳肴。

白花花的豆花面

陇南多地产黄豆，因而黄豆芽、豆腐、豆花、豆浆、豆腐皮等成为当地人的主要食品。和陇南相邻的四川省广元市就有名扬天下、品种繁多的豆腐宴。在张坝一带，黄豆是主要粮食，你要是到老百姓家里去做客，会看到家家户户的院子里都有一个小型的手推磨，现在有些家庭用上了打浆机，这些正是制作豆花面的主要器具。

↑ 豆花面

豆花面主要由豆花和面两种食材制作而成，是当地人非常喜欢的美食。豆花面的制作看起来简单，但需要提前准备好豆花才行。豆花的制作则需要很多工序，黄豆变成豆花是一个丑小鸭变成美天鹅的过程，要经过浸泡、打浆、过滤、蒸煮、点浆等多种工序才能完成，可称得上是一次水乳交融的蜕变之旅。做好的豆花比豆腐脑硬，比豆腐松软，当地人把比较柔软的豆花叫嫩的，比较硬的豆花叫

↑ 豆花面

老的。做豆花面的原材料有白面、荞面或黄豆面、玉米面，还有混合的杂面。一般选择颗粒饱满的上好黄豆，磨成豆浆，过滤豆渣，再点出豆花。把煮好的豆花用漏勺或笊篱从锅中捞出，盛放在碗里或盆中，再在锅里煮好面条，捞入碗中，将提前准备好的腌制韭菜、青椒、豆豉、辣子、萝卜丝、芫荽等佐料，以及炒熟的韭菜、蒜苗，凉拌的香椿芽、蕨菜等时令野菜，还有酸菜等一并调入碗中，即可食用。

美味与形色兼顾，正是中国人的饮食哲学。豆花面的口感好坏取决于所配的佐料，因豆花面可搭配多种佐料，故不同的家庭主妇做出来的豆花面口感不一样。也可以制作豆花打卤面，或者炒菜拌面吃。豆花面酸辣爽口，色香味俱全，营养价值高，深受人们的喜爱，成为张坝地区从三岁孩童至耄耋老人都百吃不厌的食物之一。

↓ 豆花

热火朝天的面茶

独特的地理位置和气候，造就了张坝米面并食的饮食格局，受茶马古道的影响，又成就了另一种独一无二的美食——面茶。张坝村的清晨，几乎都是被缕缕浓郁的茶香所唤醒的，茶也成为当地人走过春夏与秋冬经久不衰的历史记忆。当炊烟在小山村里袅袅升起，勤劳善良的女主人们往往会用一碗热烫的面茶，去慰劳即将外出去田间劳作的家人们。

火是熬好面茶的前提，以前烧火全靠木柴，家家户户除了厨房有一个两三口锅的灶台之外，无一例外会在主屋厅房地上用泥巴就地砌出一个方形火塘，讲究一点的则用结实的实木为框，内置砖块砌成，俗称“火盆”或“火坑”“火旯”，在阴寒潮湿的家

↓ 煮面茶

↑ 面茶料

↑ 面茶

↑ 面茶麻花

里，有一个体面的火坑或火盆，不仅是地位和身份的象征，更重要的是还可作为避寒取暖、做饭乃至照明之用。火塘上方用一根手指粗细的铁链自房梁吊下，大铁茶壶挂于其上，用于烧水。

在以前的农村，烧火用的并没有当地人称之为石炭的煤块，而是就地取材，往往用的是坚硬的树木根部，俗称“疙瘩”。树木“疙瘩”烟灰较少且经久耐烧，火焰不急不躁，是熬制面茶的不二燃料。

面茶，陇南市内各县均有，做法也不一样，张坝村的就很有特色。将炒熟的白面加水煮沸，调以薄荷、藿香、红葱、花椒、生姜等料，加上大叶茶，盛碗后再调以炒熟的核桃仁、炒鸡蛋、豆腐丁等，这样的一碗面茶香味浓，口感好，久食养人。由于不同的吃食或调料在面茶里会分层，因此有的地方把面茶叫“三层楼”或“五层楼”。比如，“三层楼”是指碎核桃仁、碎麻花、碎锅巴炒制后变得很轻，会漂浮在上层；鸡蛋、豆腐等稍重，会浮在中间；土豆丁、瘦肉丁等由丁黏性结成小块，最重，会沉在最底部。

面茶品质的好次，熬制器皿和“调和”都至关重要。在武都安化镇、成县沙坝镇等地，至今保留着手工烧制陶罐的古老工艺，这种分为大、中、小三种类型的单耳型陶罐是熬制面茶的上乘器皿。一碗面茶的精华，是最后登场的“调和”，“调和”种类繁多：产自云南或陇南的大叶绿茶，富含茶树氨基酸，经油脂爆炒，释放出迷人的芳香；红葱则选用带有根须的粗壮部分，味道辛香且使汤色红润；花椒以当地当年产的“大红袍”为最佳。在100℃的沸水中，生姜、辣椒、花椒的辛辣刺激被茶叶、薄荷叶等香料中和，散发出诱人的香味。当地人就有“好的面茶是熬出来”的说法，人们往往把熬面茶比作积淀成熟的人生。

为了让面茶在人们的胃液中消磨得慢一点，以抵抗人们高消耗的田野劳作，火锨馍或麻花成为面茶的标配。火锨馍通常是小麦面和玉米面按照一定比例混合、发酵后蒸制而成。晾凉后的火锨馍因酵母的原因口感略为酸硬，但在炭火的炙烤下，糖分加剧释放，其外表略为焦化，色泽金黄，内部蓬松，吃起来愈加香甜。如果遇上农闲或有亲戚来的日子，人们先是剥下火锨馍外层烤黄的部分吃，再将余下部分继续翻烤，酥脆的口感加上咯嘣咯嘣的声响足以让人陶醉其中。为了快速降温并使“调和”在茶汤中更加均匀，通常要先吹一口，再将碗轻轻一摇，然后嘴唇顺着碗沿“滋溜”一吸，夸张的声音伴随温暖的汤汁滑过喉咙，缓缓流入胃中。这种吃法在外地人看来，多少有些骄傲的夸张，而对于吃面茶的本地人来说则是一种最简洁的享受。

溢满山乡的吊锅鸡

吊锅鸡在陇南山区特别盛行，张坝的吊锅鸡因其味美清香而闻名。顾名思义，吊锅鸡主要是因为在吊锅里做而得名，其实也就是我们常说的柴火鸡，也叫清炖鸡。这种做法，可以保持土鸡肉的原汁原味，而且汤清肉鲜，味道纯正，深受人们的喜爱和追捧。

↑ 土鸡

制作吊锅鸡，得选一只土鸡，以黄色母鸡为佳，宰杀烫洗备用，然后塘内生火，挂吊锅烧水至沸，将土鸡下入锅内大火煮两三分钟，将锅内带泡沫腥味汤水去掉，再注入事先备好的开水，将鸡肉全部淹没为宜，加添柴火猛火煮半小时左右，待肉质泛乳白色后加上作料腌制。作料很讲究，一般只用精盐、青椒、生姜，喜欢辣口味可放辣椒三五个，需补气血的可适量放些党参，作料越简单才越能感受到鸡肉的鲜嫩。锅里继续放油烧热，将腌好的鸡肉放入锅里，滑炒至变色后捞出来。锅里放油烧热后，放入一勺豆瓣酱、碎蒜、干辣椒、花椒，小火翻炒出香味后，倒入鸡块，转大火翻炒后加入一小碗水，倒一勺酱油，放几粒冰糖，加白胡椒粉，大火烧开，小火略炖，汤汁变少后加盐，收汁，撒上香葱末即可食用。这种做法，汤能入味，肉质有弹性，食之筋道，富有嚼劲，清爽可口。吊锅鸡真可谓民间美味。

现如今，城市周围的农家乐各处可见吊锅鸡、柴火鸡的招牌，可要吃到正宗的吊锅鸡，还是得到张坝一带的农村来，因为这里的吊锅鸡，吃上一次，你就会陶醉；吃上两次，你就会上瘾。

↑ 吊锅鸡

↓ 吊锅鸡

记忆中的火锨馍

在20世纪90年代前，火锨馍盛传于张坝一带，也是当地庄户人家餐桌上的主食之一。火锨馍味道香甜酥脆，由于制作工序简单，保质时间长，是日常生活中必不可少的食物。

火锨馍在制作时必须具备四样东西，即火塘、火锨、铁三角、软质柴火，其有两种制作方式：一种是“酵子馍”，需提前一天起面发酵，可选各种杂粮面粉，但最常见的是小麦面、玉米面和荞面，发酵至第二天早上做出来的馍，酥软可口；另一种是“生子馍”，这种馍起面不需要发酵，用纯小麦面和制，这种制法吃起来有嚼劲，适合泡汤吃。

这两种做法都必须在火塘中完成：在铁三角上放一把制馍用的火锨，条件差的家庭就用废弃铁锅的铁片，效果一样，下面点起柴火，等火锨烧热后，在上面擦上猪油，再把事先揉好的面团擀制成圆形薄饼，放在火锨上烙烤，等薄饼一面烙烤至硬黄后，翻面，如此往复几次。要把握住火候，必须小火慢烤。柴火选择也有讲究，一般不使用硬木，容易烤焦，选择草蒿类软质柴料为好。再把烧完的塘灰取出盖在火锨上面的馍馍上，也可将馍馍直接埋在火塘灰中，用火塘灰焖捂十几分钟就能焖熟。

火锨馍要趁热吃，刚从塘灰中取出来，用干净毛巾或布把灰擦净，用手掰开，那热气腾腾的馍馍瓤，松软得跟蜂窝一样，散发着浓浓的麦香味，咬上一口，厚重的粮食味道令人满口生津，往往使食者陶醉其中。这时如果再搭配一碗纯正的柴火鸡汤，那简直是人间美味，吃一次便久久不能忘怀。

在那个缺吃少喝的年代，火锨馍还是庆祝节日、招待宾朋、拜访亲友的最佳食品。每年端午节，都有用新麦面做火锨馍尝新的习俗。村里小媳妇生娃娃坐月子，各家会做一个纯麦面的火锨馍前去看望，馍馍的大小取决于跟这家主人的关系以及自己的生活条件，而当家主妇也会记下来，以便日后再回敬人家。这也体现了在缺衣少食的年月，乡村人们纯朴的乡情来往。

↓ 火锨馍

中国民间文化遗产抢救工程
THE PROJECT TO CHINESE FOLK CULTURAL HERITAGES

张坝村属纯粹的农业地区，民风民俗与当地人们的生产生活、婚丧嫁娶、生老病死紧紧联系在一起，构成了衣食住行及生命的全部。在漫长的历史长河中，不论是四时八节的禁忌，还是独特的男到女家二处管业婚俗等，都与张坝及其周边地区的民俗与信仰紧密相连，息息相关。这些禁忌、婚俗与张坝人的丧葬习俗、民间曲艺等俗信一起形成了张坝人古老的民间信仰，成为千百年来承载张坝人前行的力量。

↓ 民间社火表演者

第五章
民俗与信仰

四时八节的习俗与禁忌

张坝村属纯粹的农业地区，因而“四时八节”对当地群众尤为重要，不仅指导当地的农业生产，还影响着人们的生活。于是在生产生活中，人们总结出许多与节气有关的谚语及禁忌，诸如：“二月二下，谷子搭成架；二月二晴，树叶去三层。”“清明要明，谷雨要淋。”“谷雨前后，栽瓜种豆。”“过了立夏，犁头高挂。”“夏至一十八天遍山黄。”“白露下，路白就下。”

↑ 神案

春节为一年中最为重要的节日，人们从腊月开始就要准备年货。在张坝人心中，没有年猪就不算过年，为了让节日过得隆重，每家必须杀年猪。

腊月初八，要吃玉米珍。这一天，还要喂树，将玉米磨细做成粥，在树上砍个小口子，给树“喂粥”，以求来年六畜兴旺、五谷丰登。据说，在腊月初八这天，山里的熊、野猪、狍子、鹿都会在山泉里洗澡，水里会留下许多油水，村里人天不亮就起来抢油水，看谁油水抢得多，预示来年财运通达、幸福安康。

腊月二十三，要送灶王爷。据民间传说，灶王爷是玉皇大帝安排在每个家庭的守护神，他来监管这一家人的善恶事，每年要去天庭向玉皇大帝报告这家人做的善恶之事。善事做得多，就给这家红运，让这家发财顺利，恶事做多了就降灾难，灶王爷有“上天言好事，下凡降吉祥”之能。

↑ 祭祀活动中张灯结彩

↑ 感受张坝人虔诚祈祷的气氛

腊月二十四扫“煤”，就是除旧迎新。过去各家各户大多是土木结构的房子，平时做饭、烤火烧柴火，熏出来的就叫“煤”，后来引申为屋内的蜘蛛网、尘土等，扫“煤”也有扫“霉运”之说。

腊月二十九这天要把准备过年的所有事情做完。

腊月三十早上端面茶、装烟。早上，家家户户要互端面茶喝；小孩给全村老人装烟，以示尊重、孝敬老人。家家贴对联、挂灯笼、点烟花，还要准备糖果、零钱发给孩子们。这天不能往外泼洗脸水，忌讳扫地，否则会把财运扫出去。

正月初一早上，全族人都来存放家谱及神案子的家里烧纸化钱、磕头烧香。每家每户将准备好的核桃撒到厅房里让娃娃们来抢，预示着一年的好兆头。这一天，年轻人从树上折下树枝做成棍子，相互打斗，俗称“耍杨帅”。杨帅，是传说中的一位神人，威武神通，人称杨四爷，在陇南多地民间都有敬奉。过春节时，还要祭祀天、地、山、龙王爷等神灵。

正月十四，上坟祭祖，追忆先祖。

正月十五闹花灯，热闹非凡。

二月二，调牛儿。人们调教两岁左右的小牛，开始耕地。

↑ 清明祭祖后吃酒席

清明节，祭拜祖先。这天，张氏族人要在家里祭祖。祭祖用的物品都是全族人家家户户拿来的肉、面、菜、酒等；祭祖仪式场面宏大，男性族人全部跪着祭祀先祖；仪式之后，族人吃饭、饮酒相聚。祭祖仪式为每家每户轮流操办。

三月三，马交鞍。人们开始让一岁多的小骡马学驮东西。

四月八，佛祖生日，举办青苗会。这一天要去琵琶寺祭祀释迦牟尼佛，还要祭祀龙王神。在庙里祭祀时，人们请师公跳神打羊皮鼓、念经，以求风调雨顺、四季平安。儿女们要去琵琶寺烧香，超度去世父母的亡魂，人们从家里出发，赤脚、头顶香盘，打锣念经，一路上见人、寺院、大石头、水池等都要拜。有身份的人路过碰见，都要在轿子和马上下来，以示对亡人的尊重。

五月五，是端阳。据说早晨不能进地，否则就带去虫子了。这一天要给孩子绑五色线搓成的百索，左右手腕各绑一条；用树皮做成喇叭，插上咪咪顺可以吹响，俗称吹蟒。人们还要喝雄黄酒、吃豆芽、拔艾蒿、烧“高高山”、吃花卷馍馍。

六月六，晒被衣。

八月十五，杀土鸡，吃月饼。

九月九，杀鸡宰鹅，举办庙会。

十月一，杀鸡还愿，举办庙会。

除了约定俗成的习俗外，张坝人还忌六月和腊月，在这两个月里不能办大事，诸如不动土、不搞修建、不办喜事，就连被子、床单等都尽量不要拆洗。如有人去世，则要就地箍个洞将逝者放入，先不入土，三年后再葬。

对于土地则有更多的禁忌。“土地是刮金板，逢土日不干活。”忌初一、十五、二十五动土做事情。

对来家里安家的鸟儿，像燕子、麻雀等不能伤害。家里来了蛇，预示着有福气，据说蛇是福神的化身，要烧纸化钱，慢慢将之撵走，忌伤其性命。这体现了人与动物的和谐相处。

↑ 羊皮扇鼓伐马

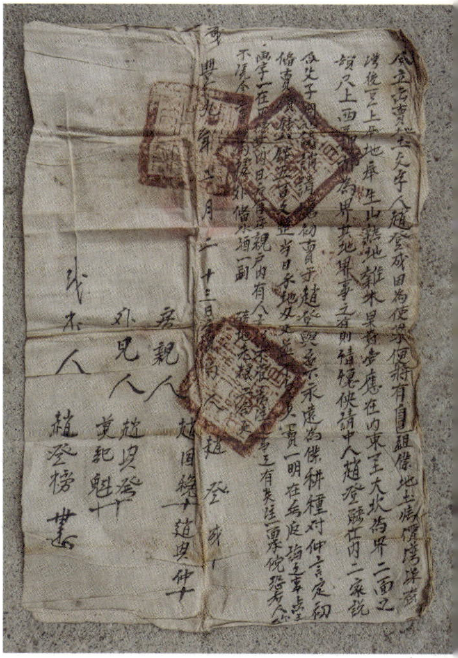

↑ 地契

钟磬回响的古寺

“南朝四百八十寺，多少楼台烟雨中。”走过了佛教盛行的南北朝，人们已经习惯于接受多种宗教的教育与洗礼，地处西北腹地、陕甘川交界地带的武都也不例外。然而琵琶观音寺却将武都的宗教文化提前了几百年，据该寺历代碑文记载：寺庙建于西汉末年，距今有两千多年历史，“文革”时被毁，后来重建。据传，在西汉末年，有一位西域高僧受佛祖点化，身背佛经和铜像观音，将佛教传入陕甘川地带，行至武都琵琶一带后，听说蛇妖吃人横行，高僧想为民除害，以修功德，便拿锡杖、弓箭来除妖。他来到琵琶红崖绝壁下，开始和蛇妖搏斗，数百个回合后，蛇妖感觉高僧功力深厚，便想逃跑，被高僧的穿云箭射伤，连同蛇妖背后的石山都穿透了，此山就是今天人们称为“亮窗眼”的那座山。蛇妖因法术高深，挨了一箭没死，转身想逃回石洞，却被高僧斩为两段，这便是今天人们常说的“打蛇崖”。

↑ 观音寺中大雄宝殿题匾

高僧也因功力耗尽，劳累过度昏倒在地，这一切被正在天上路过的观世音菩萨看见，菩萨化为锦鸡将高僧驮起，从梁上走过，一脚踩一个深深的地洼，形成今天的山峦。一直走过了九道梁，才来到寺沟坪。昏迷中的高僧梦见观世音菩萨给他治病，与以前梦中佛祖点化一致，于是醒后便在此地广传佛法，化缘修行建起了观音寺。

↑ 香斗

当地还有另一个传说，三国蜀汉景耀年间，名将姜维统兵收复西川，路过此地，天色将晚，便就地安营。第二天早上观看地形，此乃龙凤之地，他就缩减军饷两千多两，将观音寺扩建维修成较大的寺院，建为龙凤观音寺。

南宋抗金英雄吴璘行兵路过此地，听到后方传来岳飞被害的噩耗后，便进寺院佛殿，哭得天昏地暗，人困马乏的吴璘随后就睡着了。睡梦中，寺内护法便将岳飞的灵魂引上天宫玉帝跟前，诉说秦桧叛国投敌，陷害忠良，玉帝即派包公下凡将秦桧梦中公审，顿时地动山摇，为岳飞申冤，山顶还显现出包公审案的奇石。吴璘醒后便筹备了银两维修寺院。

寺院石碑上还记录了光绪十三年（1887）三月，由地方头人维修寺院。宣统二年（1910），地方头人莫彦鸿、莫彦隆、巩登明、巩登科、任一文等人领头维修寺院。民国三十二年（1943），由地方补修钟鼓楼并彩绘全寺佛像。

寺院各个殿堂之间布局合理，寺院主要建筑有大雄宝殿、祖师殿、观音殿、十殿、龙神殿、龙王护法殿、天王殿、韦陀殿、土地殿、山门、禅堂、方丈宿舍、僧人宿舍、钟鼓楼等，各建筑之间互相衔接，相映成趣，雕塑、彩绘等保留着不同朝代的艺术特点：十八罗汉栩栩如生，有寂静幽深之感；两面明柱护法二龙缠在柱

↑ 神案

上，威严可敬；千佛崖佛像个个慈眉善目；观音娘娘笑容慈悲；三位龙王严肃怒目；大肚弥勒佛笑容可掬，禅味无穷……山门上有一副天下古刹常见对联：大肚能容容天下难容之事；开口常笑笑世间可笑之人。整个寺院巍峨矗立在宽阔的大坪中，在苍松翠柏的掩映下显得格外森严。

然而，沧桑巨变，斗转星移，保留了两千多年的古佛寺在“文革”中被彻底拆毁，寺院古树遭砍伐，殿前八仙石柱脚、大鼓钟等被砸烂，保留至今的只有那孤零零的石磨……

1980年，当地抢救文物古迹，重建观音寺，盖起简易的殿宇，搜集石碑两个、木门三扇、石柱脚三个、桌子一个、古书一套。随后，为了拯救佛教圣地和文物古迹，群众自发出钱、出物、出力多次修建观音寺，使佛殿恢复了往日的气象，显得庄严肃穆，充满着年代感的朱红色大门，散发着浓重的古朴气息，钟鼓楼上的晨钟暮鼓在山谷中回响……

庙会与信仰

↑ 羊皮扇鼓

观音寺所处的位置，是茶马古道的必经之地，这里也是前河后山的分水岭与通道，前河里的土盐、后山里的粮食，还有许许多多的百货、铜钱银两，包括当时的鸦片和军火，都在这条道上去去来来。

青苗会自观音寺修建以来就有，此俗实为保护农业生产的一项活动。当地人以农耕为主，庄稼就是命根子，人们为了免受冰雹、洪水、干旱、蝗虫等自然灾害，在每年农历四月，以村落为单位，由乡老族尊负责主持，在观音寺举行青苗会，以保护青苗，祈求丰收。

这里的青苗会，一般在农历四月十八日到二十八日之间举办。农历四月十八日，观音寺山门大开，一直到四月二十八日，是一年一度唱大戏、祭祀的既定时间。在这十天内，善男信女都要朝山拜佛，还愿的、拜佛的、看戏的、闲转的，人多马乱，民间认为会有不洁之身玷污神灵居所，最后一天，会下一场净山雨，洗除污秽，然后关掉山门，还佛门清静之地。

青苗会的预备会一般从每年的农历二月开始，准备的时间较长：

组织召开会首代表会；

请周边寺庙的和尚、道士负责人，请佛教弟子、道门弟子、巫师弟子、四方名士；

造酒，按照上年庙会决定造酒量及时间；

准备祭祀用品，包括活猪一头、羊一只、鸡数只；

准备食物，包括猪肉500斤、羊肉150斤，小麦面、杂面、荞面共约2000斤，清油300斤；

准备柴火，凡离寺庙不远的香脚（指信众，看客），每户一背，约五十背；

磨面，在每年四月初一至四月十五半个月时间内，楼底阳坡麻崖边的一座水磨为观音寺磨面专用，磨面期间，进磨坊的磨面人，前三天就斋戒、沐浴、封口，之后才能开始磨面；

↓ 灯戏

分工，由负责人将庙会中用工情况分划给各地各村庄会首们，包括做饭、担水、劈柴、端饭、烧水、接待等。

青苗会正式议程如下：

开山门，焚香化马，寺庙负责人开大雄宝殿、天王殿主门；

由庙会主持人请周边庙宇的佛祖、菩萨以及山神土地；

由庙会主持人请周边庙宇住持及社会名流就座；

鸣炮奏乐；

由庙会负责人致祝词；

由周边寺庙住持及社会名流讲话；

三坛齐开，在大雄宝殿由本寺和尚击磬鸣钟，诵念《无上》《诸品咒集》，祈保四方善男信女增福添寿；佛门弟子在地母前诵经上供养，祈保田蚕茂盛、五谷丰登；巫教弟子剪开五门，架起金桥，设起花坛，开起七十二大坛，一百零八小坛，祈保十方风调雨顺，国泰民安；

开席，凡来赶会的客人，全部入席，此席设在殿外偏房内，随礼不随礼同等招待；

送神、送客；

关山门，整个青苗会结束。

↑ 供桌

↑ 春贴

独特的男到女家与二处管业婚俗

在人类社会发展进步的过程中，婚姻作为社会的主要元素尤其显得复杂多样，在文化错综交汇的陇南张坝，婚俗也十分独特。

在众多的婚嫁习俗中，女娶男嫁婚俗以其独特性而充满了神秘感。《战国策·秦策》说：“太公望是齐之逐夫，当即赘婿。”这大概就是人类有文字记载的男到女家的婚姻雏形。在张坝及临近地区，女娶男嫁主要有两种形式。一种当地人称为“男到女家，更名入籍”，即男方嫁到女方家后，一切遵从女方家族的习惯和规矩，按照女方家族的姓氏辈序改名换姓，和女方同样成为族内成员。若双方婚姻破裂，如果是男方提出离婚的，则来是一个人，去也是一个人，而且男方不具有财产分配权；如果是女方提出离婚的，财产则男女双方各一半。从婚姻破裂后的财产分配来看，女性的地位还是比较高的。另一种则称为“二门俱开，两来两去”，又叫二处管业或二家管业。这种婚姻，婚后男女双方均保留原有姓氏，男女都有继承双方父母遗产的权利和赡养双方父母的义务。若婚后生育两个子女，男女双方名下各一个，各自顶门立户；若婚后只生育了一个孩子，则由双方商议确定姓氏，一般倾向于随女方姓。若男方家庭条件较好，婚后进入女方家庭时，一般都带有一定数量的财产，相当于“嫁妆”，男方则对这部分财产具有支配权，称为“带财入舍”，若婚姻发生变故，这部分财产归男方所有。

不管是“男到女家，更名入籍”，还是二处管业，结婚前都要立婚约为据，婚约的签订一般在结婚仪式上进行，绝大多数在办酒席待客时进行，在这个时候签约，才显得隆重严肃，也算是正式向社会宣布。在婚礼上，由族长主持仪式，婚约男女双方各持一份，类似于现在手持的结婚证，对婚姻有伦理道德上的约束作用，婚后双方共同遵守。

不同于其他汉族婚姻的地方是，这种婚俗由女子来传递香火，延续血脉。在周边地区，尤其是在附近的康县南部，各家基本都是“留女不留男”，男孩都得被嫁出去。而且男子被嫁到女方家之后，必须立即改换出嫁前的姓名，以确定女性在家庭中的主导地位，在如今的户口簿上所登记的户主也都是女性。出嫁了的男子，逢年过节可去看望生身父母，不过，每年的大年三十必须在女方家里过，大年初一以后才可以回家或走亲戚。

若有的人家有多个女儿且家境贫寒，也可以嫁女，但有别于其他地方的是在这里嫁女被称为“倒插门”。 这种婚姻也要借助于

↓ 迎亲

↑ 迎亲

媒妁之言来“穿针引线”，男方不跟女方家要彩礼，定亲后女方只需给男子缝几套衣服。

从现代婚姻观点看，“男到女家”有助于农村那些有女无儿户家庭发展生产和父母养老问题的解决，对于维系农村有女无儿户家庭生活起到了重要作用，也有利于提高当地人口素质。

在这一带的常规婚俗中，最为精彩的当属繁文缛节的程式和双方的喜话了。迎娶之时三拜九叩、大礼祭奠祖位，引亲人到新人家里去迎接，要拿上衣物等礼品，还要去祭奠祖先。

↓ 迎亲

送亲人一般是十二人，要双数。还要选一位会说礼的，要办几次交接说礼。女方家在大门找彩，大门外摆小桌叫接路。总管手端小盘，上摆两碟小菜，两双筷子，两个酒杯。筷子头朝向总管，双方作揖行礼，两次揖后，把筷子头调出，三次揖行完，总管说话："瓶中喜酒，喜酒无别，别言不叙，叙言不长，把你们贵门中的亲戚山大路远，泥烂水滑，遥鞍动步，受了雪霜寒冷，论起人间此理，十里路上找彩，五里路上迎接，我们礼仪上不熟，失误迎接，暂时给你们倒开漱杯。"

送亲人说话："金枝柳鸳鸯成对，梧桐树凤凰成双，贵门中亲戚十里找彩，五里迎接，侍前侍后，我们拒挡？进门喝二十四个稳杯。"

下马还要利是，按时代、按行市定，多少不等。

新人进家放鞭炮。送亲人用红纸包上礼，用针穿红线串在一起，进门后在正房门上别上彩，叫垂彩；歇后喝水叫回彩。因主人家门上也垂有彩，总管取来后，放在盘里，并说："鸳鸯池里凤凰舞，铁岭山上孔雀鸣，贵门中亲戚不知垂的黄的金还是白的银，把它亮出来。"

送亲人回礼："栽松柏、搭铁桥，××两姓二家开了十载九远长亲，贵门中迎门找彩，垂金垂银，我们放几块毛钱，让娃们一生富贵。"

接下来就是喝酒，吃小饭，也叫下马饭。所有亲房都要做下马饭，但第一顿是最亲的亲房做，吃后再去每个亲房家吃下马饭，吃转一天，晚上回主人家过正席。

过完正席喝夜酒，喝夜酒时交接新人。总管提话："瓶中喜酒，喜酒无别，别言不叙，叙言不长，××二家开了十载九远长亲，论起该好，十里迎接，五里找彩，美酒美菜才算人间此理，由于我安彻（方言，安排）不到，没有招待好正家巴（方言，指男方家送亲的人）的亲戚，在这里表示歉意。”作揖而退。

送亲人说：“天上无云不下雨，地下无媒不成双，把媒人千言万语、万语千言，将两家说成一家，说了鸳鸯成对，凤凰成双，栽松柏，搭铁桥，开了十载九远长亲，贵门中与其迎接，我们与其交代，交代以后，保佑二家天长地久，富贵双全。”

晒陪房（方言，陪嫁）时，总管说：“无酒不成礼仪，无烟草不起话把，给正家巴的个个升酒装烟，把大大的活宝送进我们，登门还陪了金箱银柜，里面装的黄的金嘛白的银，我们晒一晒，把钥匙给娃交给。”

送亲人回礼：“瓶中喜酒，喜酒无别，××二家开了十载九远长亲，论起该好，给娃陪个金箱银柜，我们一时不便，给娃陪了木箱木柜，来了装你们的金银财宝，取之不尽，用之不竭。一把钥匙清铃撞，交给娃们开金箱，金箱装金、银箱装银，装得满箱满柜，富贵千年。”

第二天早晨，起发，讨谢，总管说：“天上无云不下雨，地下无媒不成双，××二家开了十载九远长亲，论起人间此理，十里找彩，五里迎接，美酒美菜才对，由于我条律不清，安彻不到，我在这里深表歉意，还望正家巴的谅解。”

送亲人回礼：“××二家开了十载九远长亲，贵门中家家杀鸡宰鹅，烧酒做饭，我在这里给亲房邻友看个杯。再就是娃的父母大人及庄上亲人们，娃娃小，任性，做得不对的地方，望大家多多包涵，我给大家看个杯。再就是大总管，把我们侍前侍后，看开个杯。最后，三月的桃花——满谢了。”作揖而退，才算结束。

注重人伦的丧葬习俗

在中华传统文化中，老百姓向来注重人的生与死。生能预知，都是喜庆高兴的，家里添了人丁，值得庆祝。死亡无法预知，再加上会失去生命，往往是悲痛的，令人沮丧。

村庄大事，死人为大。丧葬是主人大事，也是村庄大事。

但凡有老人过世，全村人都要自觉放下各自手头的事情，全身心地去出力办理丧葬之事。

首先，要请阴阳师父，翻书掐算，决定出殡的时辰，定好吉时，请佛门弟子到家中诵经礼忏，时间为三到六天不等。

其次，选定坟地，张坝人很讲究风水，有的进祖坟，但有的祖坟位上没有地方，就得另选新地，定出方向，选址挖坟。

出殡后埋坟。埋坟后接连三晚孝子要来坟上生起火，给死去的老人做伴，等火烧完后回家。

人亡后七七四十九天为尽期，在坟上烧尽期纸。

紧接着百日，叫百期，要请所有的孝子，包括侄儿、外甥等来过百期。

一周年、二周年、三周年同样要烧纸钱，把纸钱用黄纸包了，类似于信封，写上孝子的名字，什么时间烧，谁使用等，要写得一清二楚。

三周年过完之后，老人才算是彻底脱离阳世。之后便是逢年过节才能烧纸了。

在张坝，自古就有对老人去世后做佛教报恩道场的习俗。佛教

↑ 送葬

报恩道场在这一带已有千年历史，每道法事程序是师父传教的，约定俗成。在诵经过程中，不能乱读字音。其严格的职业规范，使佛教报恩道场保留了原汁原味的特征。

老人去世后，要请佛教弟子诵经礼忏，超度亡魂，据传有罪可以赦免，无罪就能早升仙界。俗话说，一个人倒下要四个人抬。因需要的人手多，全村人听到消息后会主动去帮忙，前前后后共需要三十多人，这叫一坛人士，请来的老师父又叫掌坛师父。

先由掌坛师父择定出殡吉日，妆坛师父提前上坛妆坛。书写之人由掌坛师父指导写文书。

第一天，悬幡，就是挂起龙幡，许多文书要到幡杆下发送。

迎亡，不论亡人在家病故还是在外意外死亡，这台法事都要迎接亡人、召请、安位。

备斋，把所有帮忙的人、师父、大孝（这里指孝子）等，凡是入坛的都要备斋，全体安在席上。大总官提话："亡者活了××以上，××未满，在家因老告终，脚蹬了青龙，命归了黄泉，盖为前生所定，世数难逃，大限丧于×年×月×日×时，大孝×××人等，俱备衣棺停灵在宅。惊动了家家伙里……备斋之后，合坛人士同心协力，助力报孝，孝家叩头之恩。"

给老师父升酒，由老师父说话："尊起佛法佛法大，尊起王法王法大，佛祖千眼延观，惠耳延闻，我们一坛师人，一坛人士，为

↑ 陪葬品

↑ 墓碑

大孝助力报孝，备斋以后，严守佛规，同声应合，争取顺利做完这功法事，保佑满门孝眷百事顺利。”所有人不得吃荤，一心一意在坛中帮忙，去掉一切杂念。

这时诵经的师父诵经，写大文书的人书写。这也是三天法事中最重要的环节，要用新毛笔，用心红（朱砂）在黄纸上写，写时点上香蜡，大孝跪在前，手执香蜡，另端两个干盘、红包，三宝印支起（三宝印是佛教用的印，上面是“佛法僧宝”四个篆字）。如果是第一次写大文书的师父要跪下写，还要老师父在佛像前烧纸上香说话，写过一次的就可坐下写。如果没在佛堂写，就要打上锣鼓接进佛堂。诵完经后，交经，发《梵王表》，这道法事大约要进行两个小时。表文在天不亮就要发送。

第二天早晨，祈祷、拜水忏；晚上交忏、吃晚饭。写东狱词，这道文书要用白色颜料写在黑纸上，护函也是黑色的。和《梵王表》一样，做函子、装、发。这道法事大约要两个半小时。之后开斋，开斋吃肉喝酒。

第三天早上，裱香。裱香要到佛面前去，大孝背上这几天在家念的经忏，所有孝子的头上戴着孝布，全体帮忙的人拿上旗、伞、闹幡、花圈、香蜡纸，在佛前发裱香疏。返回时在大场踩印，踩出一个印，也叫“转套”，保佑全村家家平安，再回大门上宣榜、回坛、吃早饭。

吃过早饭开小忏，晚上交忏。吃过晚饭，说孝道（指《二十四孝》）。之后放施食，放施食要到离村远的地方，因为要请五姓男女孤魂，离村近了忌讳。然后烧纸，圆满。

第四天一早，辞灵出殡。

趣味十足的民间曲艺

童谣

陇南张坝童谣主要是以儿童为其流传的主体，有一部分属于民谣，主要是成年人在生产生活中口头加工和传承的。从类型上看，主要包括节气、游戏、摇篮曲、绕口令、谜语等内容，所运用的主要艺术手法除传统的抒情手法赋、比、兴之外，对偶、顶真、飞白等一般的修辞手法也都有所运用。从流传的范围看，有些是张坝特有的，有些是在张坝及其周边地区流传的，所运用的语言以当地方言为主。

↓ 游戏

叫得学生吃饭来

双扇门儿单扇开，叫得学生吃饭来。
吃的啥子饭？顿顿饭。
啥子崖？下水崖（崖，方言读ai）。
啥子下？白米下。
啥子白？鸭蛋白。
啥子鸭？是神鸭。
啥子神？背柴绳。
啥子背？立立背。
啥子立？是甜蜜。
啥子甜？蜂蜜甜。
啥子蜂？是凉风。
啥子凉？是干粮。
啥子干？是麻秆。
啥子麻？野鸡麻。
啥子野？黄土爷。
啥子黄？金竹黄。
啥子筋？皮条筋。
啥子皮？骟羊皮。
啥子骟？刀刀骟。
啥子刀？沈镰刀。
啥子沈？长雷声。
啥子唱？花花院里唱。

↓ 张坝深秋

月亮光光

月亮月亮光光，张家坝里烧香。

烧的啥子香？花花香。

花花院里一对鹅，扑棱扑棱飞过河。

河那女儿会缠脚，缠的像个弯牛角（角，方言读guó）。

弯上天，天儿高。

买把刀，刀儿快。

切青菜，青菜青，买苗针。

针没眼，买灯盏。

灯盏斜，买老爷。

老爷会剥蒜，一天剥了二斗半。

吃的吃，看的看，一勺打了一个通房溅。

山 歌

山歌是世世代代的老百姓创造的精神文化财富，是“劳者歌其事，饥者歌其食”的产物，它内容广泛，包括饮食、婚姻丧葬、行旅谋生、衣着打扮、房屋建筑、审美情趣等各个方面，是老百姓生产生活的自然流露与呈现，不仅押韵，朗朗上口，还包含着许多哲理。张坝山歌不仅代表了张坝人的精神气质和文化底蕴，也给后人留下了一笔宝贵的精神文化财富，研究和挖掘这些山歌，不仅有利于保护地方民俗文化，还有利于让更多的人了解丰富多彩的地方民俗文化。

米兰子开花像灯台，咋不连根扯着来？
好花不是连根扯，谈花儿不是强拉的。

大麦割了小麦黄，碾了一场又一场。
碾不净的麦穗子，缠不上的贤妹子。

大风地里难点灯，墙上跑马难转身。
木匠难修转角楼，石匠难錾凤凰头。

清早起来早进沟，钥匙丢着水里头。
湿了钥匙坏了锁，坏了良心丢了我。

↓ 老房子

郎上山、姐下河，郎唱山歌姐听着。
你把我的听着去，晚上着你睡不着。

我连贤妹隔条河，树叶拦着看不着。
你把树叶散一散，我把贤妹见一面。

高山葡萄架架青，聪明的贤妹把话听。
只要你千年不乱架，我也万年不变心。

胡麻开花遍地蓝，荨麻开花杆儿圆。
看你想我不想我，我也把你想得悬。

修新磨来盘新轮，小哥那是聪明人。
这条路你常走着，权当给我长精神。

修起房子新上新，挂上瞭檐钉上钉。
瞭檐烂了钉在哩，十年不来心在哩。

社火曲

张坝社火是一种古老的传统民俗现象，历史悠久，集中展现了劳动人民的智慧与才能，它涉及音乐、舞蹈、曲艺、杂技、武术、工艺美术等众多艺术门类，通常从每年农历的正月初六开始，正月十六日结束。传统社火由村子推出组织的龙灯、掌灯、锣鼓、高跷、小跷、旱船、狮子、秧歌等就地或串村、串户表演，是一种老少都参与的民间艺术表演形式。流传的社火曲脍炙人口，家喻户晓。

《十二大将》（唱词）

正月里，看灯花儿打头开，人为财来雕为食。

蜜蜂因为采花死，赵巧只为送灯台。

二月里，杨柳子开花戏春风，杨六郎困在柳州城。

一无粮草二无兵，阵阵离不开穆桂英。

三月里，菜籽开花满山黄，数过焦赞是孟良。

焦赞你把孟良遇，安邦定国八贤王。

四月里，豌豆开花瓣瓣圆，关老爷骑马斩貂蝉。

关老爷斩了貂蝉女，张飞哭得泪涟涟。

五月里，石榴开花顺树红，攻打北京李自成。

张天师手里算一卦，半夜子时开城门。

六月里，槐子开花中伏天，李渊大战临潼山。

你有人马千和万，我有秦琼保江山。

七月里，韭菜开花一朵伞，韩湘子出世要修仙。

半路丢了灵灵女，一心要上终南山。

八月里，黄瓜开花底子薄，唐王爷陷在淤泥河。

淤泥河的烂泥大，白马将军来救驾。

九月里，黄菊开花正开花，刘全无世来救驾。

把马救在阎君殿，一心要上小六山。

十月里，石竹子开花节节长，岳明楼上康熙王。

康熙王的回访贤，单单访的小刘山。

十一月里寒冷天，收拾行李回家转。

收拾行李往回走，大雪冬至是头九。

十二个月满一年，家家户户贴对联。

纸糊灯笼团团转，太平年，年太平。

《五方五帝》羊皮扇鼓唱词

一打东方甲乙木，蜡烛为了一根木。

二打南方丙丁火，蜡儿头上顶的火。

三打西方庚辛金，蜡儿穿下一身金。

四打北方壬癸水，蜡儿头上一井水。

五打中央戊己土，蜡台为了一登土。

↓ 五方五帝

前打五方前去了，再把五方论一声。

一打东方甲乙木，啥子头上顶的木？啥子口里衔的木？
二打南方丙丁火，啥子头上顶的火？啥子口里衔的火？
三打西方庚辛金，啥子头上顶的金？啥子口里衔的金？
四打北方壬癸水，啥子头上顶的水？啥子口里衔的水？
五打中央戊己土，啥子头上顶的土？啥子口里衔的土？
我要唱的你要分，还说我们盘道行，这也不为盘道行。
师父传我我传人，万古流传到如今。

↓ 五方五帝

神秘的祈雨习俗

张坝一带，在科学不发达的过去，农民往往要靠天吃饭，人们对生活最大的期待就是五谷丰登，旱涝保收，因此当地人逢天气干旱的年代就有祈雨的习俗。

先把龙王神抬到场里，请师父“降脚马”。要有两三人身体强烈反应抖动，意为神灵附体，由这两三人（脚马）抬上老爷（指龙王神），打上老爷的旗伞，敲上锣鼓，带着全村人到往年祈雨去过的山洞里取水。装水的容器是古代硒壶，还要带上当地做的黄蜡及蜂蜡，在山洞里取上神水后，用黄蜡及时封上壶口，壶里的神水

↓ 水流

↑卦签

一滴都不得溢出。据传，那神水威力无穷，一旦有一滴漏在地上，就会引发暴雨，冲毁庄稼、房屋。

将神水取出洞外后，脚马拿上水壶“喊雨”。此时，脚马会在神的作用下浑身发抖，口中念念有词，会说什么时间下雨，是代表老爷的意思，并约定下雨时间。

随后，全体人员原路返回，回到出发地时，继续由脚马伐水（向神祈求雨水），老爷神像放在外边场里，等到雨下完后才将神像抬回庙里。

古语云：“天行有常，不为尧存，不为桀亡。”也许是因为时间长了没下雨，到该下雨的时间了，有时属于巧合，天也真的就下雨了。下雨后还要传回神，感谢报答老爷的功劳，会杀鸡宰羊，用72花坛的羊皮鼓上坛娱神。

取回的水，传神后会派知道取神水地方的专人送回洞里，在老百姓看来那是神水。就这样，取水的人及其程序也就一代代传下来。

祈雨的费用一般由众人均摊，因为是公事，群众也都乐意施舍，再加上天下雨了，庄稼有了希望，衣食有了保障，在娱神的同时也娱乐了自己，给自己带来了快乐。

熊熊燃烧的“高高山”习俗

张坝一带历朝历代都有这样一个习俗，每年端午节要垒“高高山”。所谓的“高高山”是用柴火堆起的高高的柴火堆，人们通过点燃“高高山”达到娱乐的目的，带来一种心灵的慰藉和向往。

在端午节前一周，放羊娃们便要做堆“高高山”的准备工作。先选一棵树做“高高山”的主体骨架，把砍来的树栽到每年堆“高高山”的地方，然后将拾来的柴火紧紧围绕这棵树堆起来，这有一定的工艺和技术含量，堆得越大越高越气派就越好。

到端午节的早上，放羊娃们赶上自家的牛羊，背上家中准备好的花卷馍馍、鸡蛋、肉、豆芽等这些必不可少的食物，点燃“高高山”后，用带来的灶具开始做饭。这些食物一般都在家里煮熟，只在这儿热一下便可食用，整个过程充满了仪式感。

在当地老百姓看来，“高高山”的火象征着村庄的兴旺，哪个村的火大，预示着来年这个村六畜兴旺，牛羊连片，骡马成群，低头吃草，抬头长膘。

张坝的“高高山”就堆在寨子梁上的最高处，因这里山高火大，每每点燃后，琵琶、洛塘、西支、五马这几个乡镇的人都能看见。随着近年来森林防火的一些规章制度出台，人们的防火意识增强，这一民俗现象也越来越少，甚至消亡。

↑ 烤火话丰收

在长期的生产生活中，张坝人创造出了属于自己的口头文学，一个个民间传说、一篇篇民间故事诉说着历史绵长的喜怒哀乐。这些充满烟火气的传说与故事，在岁月的淘洗下，在张坝人的口耳相传中，不断完善，不断发展，鲜活而富有魅力，既是张坝人生产生活的反映，也是张坝人审美情趣的反映，更是张坝人留住乡愁的情感寄托。

↓ 老房子

第六章

传说与故事

麦秆山的传说

在美丽的张坝，至今还住着许多高氏人家。

据传，在明朝景泰年间，高氏先祖打算从山西洪洞县高家庄迁至阶州玉皇漆树坪居住。一路同行的还有谈家先祖，走起时间不长，谈家先祖就因病身亡了。谈家及高姓族人一路风雨，一路磨难，先到了今天的宕昌县，次年才迁徙至玉皇乡漆树坪，见玉皇南山土地肥沃，就将谈家安居到此。高家次年一直顺山而下，将自己一族又迁到阶州一带下山区罗滩河，也就是洛塘河楼房坝，现在叫高家坝，并简单地分了土地分了家，老大高大招居住高家坝，老二高大财居住高家山，老三高大进居住崖案山，老四高大宝居住下高家。就这样，高家一行数百人迁徙几千里，在当地落了根。

几年后，高大招、高大财、高大进兄弟三人为了改善家族生活，到玉皇漆树坪割漆。老大不小心从漆树上掉下当场摔死，漆桶从树上掉下，里面的漆泼在老二的脸上，老二看到老大的惨状后，被当场吓死。老三胆子大，看见两个兄长都死了，便赶紧跑回去叫人，由于悲痛交加，再加上跑得过快当场累死。老四高大宝在李家背另有家室，听到三位兄长的死讯后，急急忙忙赶到现场，一看，兄长三人都已死亡，大叫几声也当场死去。

高家四个先祖长途迁徙，面对风霜雪雨、瘟疫灾瘴、猛兽飞禽、艰难险阻都没死，却死在了漆树下，留下了不解之谜。听到消息后，谈氏族人及高家子孙为了表达对高氏四位先祖的尊敬，就将兄弟三人安葬于漆树坪，将老四安葬在李家背。

据传，在安葬时金光祥云四起，送葬的人看到这一幕全部下跪，将四位先祖尊为四大龙王。就这样，这兄弟四人便成为当地的方神，为后人所敬重。到了清朝初期，由于人丁兴旺，高氏家族就将十几户迁至今天的张坝村麦秆山，将祖先黑池龙王也带到了麦秆山，并修庙雕刻神像供奉，以求祖先护佑子孙后代，万世流芳。

“贼王爷”张朝虎

在团鱼河一带，有一个人物家喻户晓、妇孺皆知，这个人就是“贼王爷”张朝虎。

据传，张朝虎出生于嘉庆元年（1796），卒于光绪三年（1877）。他身怀绝技，能飞檐走壁。张朝虎于弱冠之年孤身出门，进少林寺修炼武功五年，后又进藏三年，八年间学得一身武艺并通晓医术。他善轻功，入城镇进宅院从不走大路；他疾恶如仇，练成一套取他人物之术，一生济困扶危、剪恶除害，成了当地人所敬仰的侠客英雄。

张朝虎虽取他人之物，然所取的物品全部资助贫穷人家，个人不用一分。最重要的是他在取物前先约定而后再拿，临走时还会道一声：“朝虎走也！”主人虽知情，却防不胜防，哭笑不得。由于张朝虎劫富济贫之举，民间戏称其为“贼王爷”。

张朝虎的传奇故事，在清末民初的汉中府、西秦岭、阶州八县、阴平蜀道至松潘、黑水的千家万户中无人不晓，也是人们闲聊畅谈中最有趣的话题。人们赞他：“走尽天下我为头，世上无我不风流。钱财如粪土，仁义值千金。”

咸丰年间，张朝虎的邻里寡母之女已到出嫁年龄，出嫁吉日将至，但家徒四壁，女儿连一件像样的衣服也没有，何谈嫁妆？正好乡里有一家姓赵的财主张灯结彩地出嫁千金小姐。张朝虎看在眼里，计上心头。

是夜，他乘着满天星光直奔财主庄院而去。他身轻如燕，轻身入院，看到所有嫁妆、箱柜、唢呐、锣鼓全都在院中摆放，主仆已入梦乡。张朝虎心里暗想：真是天助我也！便用包袱皮裹上所需之物，悄然离去。财主的家丁酣睡如猪，什么也没有察觉。张朝虎快走如飞，跑到寡母门前，轻轻飞入庭院，将包袱放在屋檐下。寡母之女便有了嫁妆，顺利出嫁。

有一年小年已近，村中多数人家夜无鼠粮，户无炊烟。张朝虎毅然决定，该到“解民愁”的时候了。经周密谋划，东查西访，他与同村的几个密友夜晚迎着凛冽的寒风，穿越巨石险峡，直奔目的地。他们兵分三路，神不知鬼不觉，于拂晓满载而归。所置年货应有尽有，就连“有德能司火，无私可达天”的灶王爷牌位都置办了，家家户户过了个丰盛康乐之年。

时人称张朝虎除“贼王爷”外，还有一个绰号“夜行人”。张朝虎一生异于常人之处是凡事深夜办理，白天一般睡觉，他仗着“升子照明灯”之术夜行。张朝虎凡夜行之前，点上长明灯罩于升内，烧信香于灶神位前，念念有词，虔诚祈祷，并叮嘱妻子：“千万不能揭开升子看灯！”妻子对丈夫常做的鬼把戏感到十分好奇，但又不敢过问，于是，等丈夫走后，小心翼翼地揭开升子一看，原来是一盏长明灯，随后又轻轻罩上。本来说三更就回来，结果直到五更时分，张朝虎才回家。满身泥巴的他放下行囊，摇醒熟睡的妻子，毫不客气地吼道："你竟敢揭开升子偷看，害得我摸黑四十里夜路，还掉进了沟渠。"此时，妻子才知道丈夫要靠升子里的灯做法术夜行。

乙酉丁石之战

乙酉丁石之战是1945年发生在团鱼河一带的一场战争，在当地群众中影响很大，这是一次反残暴、反饥饿、反苛捐杂税等暴政的战争，也是当地百姓反抗和改变命运的斗争。"丁"指国民党武都公署专员丁玺；"石"是当地好汉石文正。

当时这一带百姓在国民党的统治下生灵涂炭，人们生活在水深火热之中，怨声载道。

在团鱼河畔，生活着胆量过人的勇士，以"石"为首，"石"就是石文正，他手下拥有三名干将，人称"三户疤子"，即张坝的聂疤子聂青山、大坪的黑疤子谈朝虎、麻柳的烧疤子（因三人脸上有伤疤，人们就叫他们"三户疤子"）。这几人都勇猛过人，天不怕、地不怕，算是这一带的好汉。烧疤子于麻柳滩杀了国民党丁委员；聂、黑二疤子于麻崖梁截杀了国民党武都公署专员丁玺的田副官以及十多名士兵，以示反抗国民党的暴政。

后来，在丁玺的策划下，国民党武装力量于民国三十三年

（1944）偷袭了石文正在张坝村两河的营地，将石文正等八人驱逐到四川广元、陕西青木川一带，并派一个团的兵力驻扎在张坝村两河口周围，常年残害百姓。

石文正到陕西青木川后，投靠在当地军阀魏辅堂门下，他与魏辅堂意气相投，很谈得来，魏辅堂便委以重任。石文正在魏辅堂的支持下招贤纳士，购买枪支，发展壮大，成了魏辅堂的主要力量。一个月明如昼的夜晚，石文正率八百余众，沿甘川陇蜀古道翻越四方山到了张坝村。在石文正的同庚好友张德文的协助下，共同谋划了复仇策略。

↑ 古村素描

乙酉丁石之战的指挥部就设在张坝村的张德文家。

先是加固寨子梁上的古寨。古寨系清顺治年间为防兵灾匪患，张坝村村民张仪带领五个儿子及所有家庭成员修建而成。寨子梁地势险要，三面悬崖峭壁，东南可连蜀道，进可以胜敌，退可以坚守，故张德文与石文正二人深谋远虑，加固寨子以备战用。

张坝村石文正除暴指挥部距两河驻扎的国民党兵营仅咫尺之遥，但石文正的所为，敌军一无所知，可见当时民心所向。等一切战备就绪后，石文正便率部夜袭两河八黑庙，获得首捷，随后夜上琵琶寺，大战天池坪，七战七台山，退敌天子山，追敌到亮窗眼……

谁知丁玺竟增派了一个团的兵力，在石文正麻痹松懈、毫无警戒的情况下进行反攻，石文正部队损失不少，他只好率部沿古道又回到魏辅堂的地盘。

新中国成立后，党和政府认为石文正不畏强权的事迹值得肯定。后由于石文正听信谗言，再加上其随心所欲，被依法裁治。

鸡公眼原名“鸡公哑”

鸡公眼在团鱼河一带很有名，是一座山顶类似公鸡眼睛的山。鸡公眼原名叫鸡公哑。为什么叫鸡公哑？

据传，不知从何年何月开始，有个村庄的公鸡开始不打鸣，狗

↓ 鸡公岭

开始不咬人。有好事的人专门把邻村打鸣的鸡买过来，但放到本村后就不叫了；把邻村最能咬的狗拉过来，但放到本村后就再也不咬了。是什么原因使鸡不叫狗不咬，这个谜始终没人能解开。这个村庄就被人们称为鸡公哑。

有一位从四川来的地仙，在鸡公哑背面的山上，发现一头石狮子和一只石鸡，地仙从东西南北中五个方位观看，这地方龙脉、山形、地势都很好，穴脉很旺，向阳通风，依山傍水，不远的将来会出大人物。鸡公哑的人就问地仙："我们这庄里鸡不叫鸣，狗不咬人，是什么原因，您知道吗？"地仙说："你们庄背面山上有一头石狮和石鸡压着你们的风水。"庄里人问："有什么办法能让鸡叫狗咬吗？"地仙神秘地说："天机不可泄露啊！"在庄里人的一再追问请求下，地仙才说："炸掉石狮和石鸡就好了。"

庄里人听后一起商量，大家议论纷纷，有的人不让炸，有的人说炸掉好，大家商量的结果，还是炸掉石狮和石鸡。从此，庄里的鸡开始打鸣了，狗开始咬人了，"鸡公哑"也就变成了鸡公眼。

说来也奇怪，自从炸掉石狮和石鸡后，山的脊梁上裂开了一条长长的缝隙，山的灵气也就不大了。

土夫咬人哩

据传，在明朝末年，政治腐败，人民生活在水深火热之中。四川江油有个知县更是惨无人道，对待属下如牛马，三九严寒时，让轿夫不穿衣服给他抬轿，自己却每天吃着山珍海味。这些属下们过着猪狗不如的生活，稍有不对，轻者就会挨打，重者处死，就更不用说百姓了。

时间长了，属下和百姓对知县怀恨在心，却敢怒不敢言。有一天，知县老爷和夫人出去游玩，要过一条江到对岸去，刚到江心时，轿夫刘和尚大声说："一抬抬到猪儿角，爷爷要喝水。"这也是官逼民反，民心所向，于是，轿夫们一起用力把知县和夫人连同轿子丢进了江里。也许是昏官命不该绝，扔到水里的轿子浮在江面上，漂了十几里后被人捞上岸，知县夫妇捡回了一条命。

知县随后下令通缉刘和尚全家。刘和尚知道自己闯下大祸，有杀头之罪，便带领全家老小连夜逃走。一家人逃到张坝水沟子，见这里民风淳朴，风景秀丽，物产丰富，能安家过日子，就问当地人姓名，当地人说姓张，刘和尚脑筋转得快，于是说："你们姓张，我也姓张。"从此，刘和尚一家就改了姓安居下来。有一天，刘和尚解大手后随手抓了一把玄麻，玄麻"咬"了他的手，他说："这里草草咬人哩！住不得。"刘和尚一家准备离开。善良的张氏祖先怕他们在外面再一次漂泊，于是给他们指定了韩家磨张家山去居住，刘和尚也就同意了，还叮嘱张氏祖先："如果有人问山上冒烟烟的是什么？你们就说是土夫（野人）。土夫咬人哩！"

几百年来，张家山的张家和张坝的张家和睦相处，情同手足，大小事情一起商量、参与，谁也分不出哪个姓刘，哪个姓张，只知道他们都姓张。

桫椤树下好修行

在很久以前，在摩摩山脚下琵琶张坝一带，住着一对夫妻，年过半百才得一子，取名添隆。添隆从小就很听话懂事，常常帮父母干活，样样能干，人也长得像天宫里的童子一样。

在摩摩山上的平顶观，每年三月三日有真武大帝的道场，三界神仙都来给真武大帝祝寿。住在山脚下的小添隆逐渐长成少年，母亲早已过世，他和年迈的父亲相依为命。有一年，眼看三月三快到了，四面八方的善男信女要上山朝山拜神，为了大家走路方便，添隆提前把上山的路修了一遍。到了这天，他三更起床，东方大白时到平顶观，先叩拜了真武大帝以及众神，又给观主行了礼，便到外面游玩。

玉皇大帝、王母娘娘差瑶池仙子和侍女云彩仙子下凡给真武祝寿。瑶池仙子和侍女云彩仙子姊妹俩降下云头，正好和添隆碰了个对面，云彩仙子不由心里一动，人间竟然还有这样端庄的少年，忍不住多看了几眼。年轻的添隆也眼前一亮，多看了几眼云彩仙子，心想，这青山古庙里竟然还有如此漂亮的女子，莫非是仙女下凡了？

添隆在殿外墙角边等呀等，想等着再见云彩仙子，等着等着就睡着了。这时，从天而降的观音菩萨说话了："世间一切姻缘就是孽缘，一切恶果就是善果，珍惜！"说完就不见了。

此时，四邻八庄的信士都来了，闹闹哄哄的谁也分不清哪位是仙，哪个是人。添隆也被惊醒了，原来是一场梦。在殿里的云彩仙子趁众仙向真武大帝祝贺时，偷偷地溜了出来，刚走出山门，就看见那少年正在墙角边看着自己，睡眼蒙眬，不由得满脸通红。

添隆忙走过去施礼，问小姐哪里人氏、贵姓芳名。云彩仙子说："奴家姓王名云彩，家住终南山瑶池寨。"添隆也说了他的姓名和住址。云彩仙子又说："自己从小就无亲人，寄人篱下长大的。"两人互诉衷肠。直至午时，三界神仙按时回转，云彩仙子依依不舍地离开，约好明年三月三再见，便和瑶池仙子匆匆回宫去了。

太阳已经偏西了，添隆才慢慢走回家里。父亲见儿子没精打采，就问："今天是咋了？一点精神都没有，像把魂丢了一样。"

添隆笑着说："没什么，就是走乏了。"就这样等呀等，一年四季，添隆眼瞅着家门口大树上的喜鹊从抱蛋开始，到小喜鹊一天天长大，再到起窝飞走了，这才等到第二年三月三。

这天，添隆三更上路，到平顶观时天还没亮，他礼拜完后就在殿外等候着王姑娘，直到太阳出来，才看到云彩和去年见过的姑娘

↓ 桫椤树

一起向观里走去，他赶紧走到殿门。这时云彩仙子也看到了添隆，便向瑶池仙子说："姐姐你先去向祖师祝贺，我去看一下风景。"

瑶池仙子说："也好，难得到凡间来一趟，就到处转着看一下吧！"于是她一人进观了。云彩赶紧走过来和添隆拉住手，诉说分别后的相思之苦，家长里短一说就是两个时辰，最后私订了终身。

午时后，瑶池仙子还不见云彩仙子回来，便来到外边寻找，见云彩仙子正和一个美貌少年在一起，便要她赶紧回宫。云彩仙子一个劲向瑶池仙子求情说："好姐姐，就让我在这里留几天吧！"瑶池仙子知道天命难违，要云彩仙子马上回天庭去，二人正争论着，惊动了殿里的真武大帝。真武大帝掐指一算，一切全明白了，就对瑶池仙子说："仙姑你先回去，就让王姑娘在我这里住几日便回。"瑶池仙子见真武大帝出面说话就答应了，自己先回宫了。添隆和云彩也就拜别了真武大帝，高高兴兴地回家去了。

添隆的父亲见出去一天的儿子带回来一位通情达理的姑娘，十分高兴，第二天便给他们张罗了婚事。婚后夫妻二人恩爱，老父亲看在眼里，喜在心中。不久，老父亲也去世了。

话说天上一日，地上就是一年。几年里，夫妻二人生下一男一女，儿子取名蓝天，女儿取名白云。男耕女织，一家四口过得十分快乐。

再说天宫的瑶池仙子，直到第六天还不见云彩仙子回来，便禀报玉帝和王母娘娘说："云彩仙子在下界六日未回。"玉帝便令值日功曹下界寻找查看，功曹看到云彩仙子在摩摩山下相夫教子，正在享受人间之乐，便如实禀报了玉帝。玉帝听了大怒，令值日神将下界问罪云彩仙子，将其押回天庭。这时，添隆才知道妻子是天界仙子，他拼命保护妻子，怒斥玉皇大帝虽是万神至尊，但全无慈悲怜悯之心，妄为三界神王。玉帝听后勃然大怒，命令将天庭连地大枷给添隆加上，再将五岳搬来把东西两边压住，又令当方山神时时看押，如有异常，便击鼓禀报；将云彩定身于前面的山梁上，让她天天看见自己的爱人受苦。真武大帝见状连忙与观音菩萨一起上天说情，未果。一双儿女见父母被压在山梁上，悲痛万分，哭着哭着，天上突然下起了大雪，大雪过后，添隆一家四口全化成了岩石。据说，一双儿女被真武大帝收为看门童子。

事后，玉帝查明，这段孽缘是由真武大帝牵线，观音菩萨默许，也不好明里怪罪，便指下一道金光，让与张坝交汇的四川大地大旱三年，令天兵在四川暗里留下预言："摩摩山看四川，四川坝里起火烟。"一时间，四川大旱。后来，有人梦中得到指点说："要有头上长角，满脸长眼，全身长毛，脚长独趾，叫声如牛的去烧毁平顶观，以解四川大旱。"于是，四川就请法师头上戴起三角、脸前挂上筛子、披上驴皮、吹起牛角号、脚上穿上铁铧来到平顶观。护山大神忙向真武大帝禀报："是什么东西头长三只角，眼比星星多，独趾全身毛，叫唤比牛高？"这时，真武大帝才明白这是他的劫数，几百年前师父的预言在所难免，就将平顶观全部烧毁。南海观世音菩萨云游归来，前来观音寺设立道场，看到添隆一家的惨状，也被两人至死不渝追求爱情的故事感动，慈心大发，再上天庭到玉帝面前说情。因事过多年，玉帝也回想自己当年惩罚过重，涂炭生灵，就下令山神不再押封添隆，并敕封添隆侯，令真武道场建于五凤山上护国安民。数千年过去了，摩摩山平顶观残存遗址和麻崖村红岩上添隆侯庙面对面，也与张坝村的观音殿遥相呼应。被添隆夫妇感动的善男信女们，每年都会来到桫椤树下，烧香点蜡，还要挂一些红布表达他们的敬意。真武祖师也再没来此修庙。望夫崖和东面二女山上，当年看押山神住过的石床、石桌等，今天都成了放羊人玩耍休息的地方。慢慢地，张坝村的桫椤树下也就成了许多善男信女修行的地方了。

观岷山定琵琶

在三国蜀汉景耀年间，蜀汉名将诸葛亮的手下爱将姜维统兵北伐中原，收复西川。姜维能文能武，上通天文，下知地理。有一次，姜维率兵沿蜀道摆脱邓艾等人追击，退守剑阁，并阻挡钟会进军。事后率兵沿团鱼河而上，过阴平，经琵琶一带的秋坪寺，由于

↓ 岷山

大雨阻行，泥路难走，便驻扎在岷山脚下。一日，姜维登山拜佛，观望岷山，发现此地群山绵延，地形复杂，唯眼前这块形如“琵琶”，岷山山头像个活生生的龙头，真是少有的风水宝地。他便筹集了一些银两，修建寺院，就这样琵琶寺便诞生了。《武阶备志》记载：“琵琶寺在城东一百五十余里，州守叶公重修。”至此，琵琶寺之名一直沿用至今，琵琶镇也因此而得名。

传说，姜维为了镇住这一带的草寇，也为了纪念一生为国、忠勇无双、位居五虎上将之首的关羽，将关羽将军的衣冠冢修在龙头，既占据风水宝地，又防住了山贼草寇的出世；既保一方清平，还隐藏了龙穴玄秘。

历年来，通过修德积善的周边民众、社会名流的捐赠，重建了寺院，让琵琶寺更是名扬千里。2015年，修建寺院厢房时，挖出了一座长方形用方砖砌成的衣冠冢，据说为关羽坟墓；还有一通立于清咸丰七年的石碑，上有两个形似龙鼻的圆洞。

↓ 麻崖梁

每每来到琵琶寺，香烟袅袅，经声不绝，寺内大堂中敲木鱼者仰望众佛，口中念念有词。殿堂中央供奉三世佛，四方善男信女常常前来敬拜。大堂两侧墙面有主题鲜明的壁画，供桌之上有观世音菩萨坐像。琵琶寺气氛庄严肃穆，真乃佛家修行之地、信众静心之处。

观音牌楼的传说

陇南山区多地震，张坝村自然也不例外。据传，在元末明初，张坝一带发生了一次特别大的地震，给张坝带来了很大的破坏，也给老百姓的生活造成了致命打击。因张坝地处偏远，山大沟深、通行困难，当地百姓生活在水深火热之中。

身为族长的张成祖看在眼中，急在心里。他作出一个重要的决定，让大部分族人外出谋生，其他人留在家里照顾老人孩子，在村子附近种点庄稼和果树以度日。

安顿好族人之后，张成祖就去了关中，一走就是好多年。原来他离开张坝后辗转多地，历经种种困难到了关中，之后加入了朱元璋的队伍，冲锋陷阵，经过血与火的锤炼，被授以官职。但是从军多年的他时刻挂念着家乡的族人，功成名就后带着他的两个随从解甲归田，回到了养育他的张坝。

为了重振张坝，张成祖请来四川的风水先生为张坝把脉。风水先生看后说："张坝这个地方是杆旗，且飘忽不定，人丁不稳，没有大起色，如若想好，则要将旗杆加以固定，还须建一座观音牌楼。"

↑ 闲聊

张成祖按照风水先生的指点，选在村子靠近溪水的地方，栽下一棵桫椤树，再请师傅在树旁建了座观音牌楼。这牌楼一层为通道，二楼塑了观世音菩萨和两个童子像，以求菩萨普度众生，救苦救难。在观世音菩萨一侧又塑了土地神，祈保一方平安。同时，为了让张坝这块地方更加有文气，多出人才，族人还请人在观世音菩萨身后塑了尊“麻面满天星，独脚跳龙门”的魁星爷，手拿玉皇大帝御赐朱笔一支，体察民间文人学子的文运，神态栩栩如生，既像是在绿叶如盖的桫椤树下修行，又像是在点化人世间十年寒窗、清灯苦读的学子。就这样，观音牌楼在张坝人心中，既是神圣的象征，更是人们保佑家乡、改变命运的地方。

↓ 扯闲

中国民间文化遗产抢救工程
THE PROJECT TO CHINESE FOLK CULTURAL HERITAGES

留住张坝的根，也就留住了张坝的情。守住了张坝的土，也就守住了对张坝的思念。守望张坝，就是守望寨子沟、寨子梁，就是守望古老的村庄、古老的张坝。在岁月的淘洗中，在陇南之南的大山褶皱里静静躺着的张坝古村落，任凭世事变迁，风云变幻，它都在安静地聆听山的回响、风的呢喃、鸟的啼鸣，还有虫子的歌声……如此，守望张坝便也成了一代又一代张坝人的向往。

↓ 回家

第七章 守望张坝

寨子沟里寨子梁

如果说张坝古民居是肉身，那么寨子沟、寨子梁就是灵魂，只有灵与肉完美地结合才是真正的古村张坝，也才是有灵魂、有故事的古村张坝。

2020年8月底，夏已暮，秋初至，我们《中国历史文化名村·甘肃张坝》一行考察组成员沈文辉、叶谢平、佘立蔚，在琵琶镇综治办主任赵海燕以及向导张贵生的带领下向着张坝纵深的沟处前进。

张贵生六十出头，个子不高，一直微笑着，不善言谈，行动很利索。如果你到过张坝，第一个见到的人肯定就是他，因为他是

↓ 张氏祖先的“端木风流”匾牌（光绪十年）

古村张坝的“守门人”，你看他皮带上挂的一串钥匙就知道他的身份。今天的张贵生是属于我们的，也是属于寨子沟、寨子梁的，因他比我们年龄大，我们一行人都喊他老张。

老张手拿一把弯刀，他说叫山刀，陇南各地的叫法基本一致，老百姓对物件的称谓总是简单准确，一语道破，往往比那些写在书本上的书面语更接近群众。刀因使用时间过长已经变成了月牙形，手拿弯刀的老张，俨然是一个民间传说中逢山开路、遇水搭桥的“开路爷”，见树枝就砍，见荨麻就剁。老张带领我们沿着刚刚被暴雨袭击过的寨子沟前行，我们踩着沟里的石头，有时也蹚着水，走了并不远的路程，但因为是上坡路，我们要时不时地坐在路边的石头上歇息一会儿。当真正坐下来歇息时，才发现石头是这寨子沟的一大亮点，有青色的，有白色的，也有扁的，有平的，有大如山的，也有小如点的，正如一位哲人说过的“世界上没有相同的两片树叶”一样，这里绝对找不出相同的两块石头。它们，千百年来不为人知，静静地躺在那里，任凭风吹日晒，偶尔遇见一个放牛的老汉或者一头怀孕的老黄牛，走过、路过，或用脚踩一踩，用舌头舔一舔，便是几千年的修行了。

寨子沟除了特别的石头，便是清澈的山泉了，正如一首诗里所写的：“寨子沟的水，溪流和瀑布，哗哗作响，咏唱着佛语，从最深处到达村头的核桃树。”是的，这里的水清，清得纯洁，没有任何杂质，养育着世世代代寨子沟里的花、鸟、虫、鱼，不经意间流出去，养育着下游的古村张坝。这里的水自然安静，咏唱着佛语，在水的深处，在山的深处，历代的山神们甚至仙女们也在用它洗涮和沐浴，净口和净心。因为人们相信“有花有水的山里肯定有佛或有神灵”，我们不由也用矿泉水瓶子接了一瓶，猛猛地喝几口，感受这真正山泉水的“神”力。

老张说这里还有个传奇的事。20世纪70年代，村里张俊忠等三人受大队的指派到山上种药材。他们走到一个叫池平的地方，走在前面的张俊忠发现一块大石头上有一条大蟒蛇，正吐着信子看着他们，僵持了一会儿后，大蟒蛇钻进树丛爬走了。他们将这事告诉了来送饭的张俊忠父亲。老人家想了想说，应该拿点东西祭拜一下。他们三个人拿了只“高头凤凰”和香蜡裱纸，在遇到蛇的地方进行了祭拜。说来也奇怪，从那以后，他们上山干活再也没见过蟒蛇，更没有人受过蛇伤。

除了这清澈的山泉外，还有就是那数不清的野生植物了。树木，还有野花、野草，安静地在山坡上自由舒展着，显示出一派盎

↓ 寨子沟

然生机。因为要下雨，也没见多少动物，只听见远处的树林子里不知名的鸟儿时不时叽叽喳喳叫几声，展露令人羡慕的歌喉，它们也许正在呼儿唤女吃午饭，也许正在谈情说爱，也许正在追逐嬉戏。这一刻它们才是山上的“王者”，自由自在，无忧无虑，不为名利、不为生计发愁，站在高处，居高临下，在悄悄地审视人类的善恶。倒是那些黄牛、老熊、山羊、马鹿、野猪，甚至金丝猴，在这一刻隐藏在大山深处，估计从听见或看见那个拿着山刀的老张，还有拿着各种拍摄仪器的我们那一刻起，便急匆匆地钻进寨子梁的林木深处，正在“开会”商量对策。

将近三个小时的山路是漫长的，对我们来说是一次疲惫又紧张的肌肉运动，对于老张来说却是轻车熟路，看不出一点倦意。这里的气候是典型的“一山有四季，十里不同天”。此时，天也由阴转晴，滴了几点小雨便放晴了，我们担心的大雨终于随着压顶的乌云退去而消失了。不知道拐了几道弯，终于到达传说中的寨子梁。残破的石门已经被松树等植物狠狠地压在了下面，听老张说这里有600多米长的石头寨子，能看到的露在外面的还不到20米，我们站在那里，和老张一起静静地沉思，半天无语。老张说：“这是当年一个有名望的人建的防御工事，是个古寨子。”后来，听人说古寨子的石墙高达4米多，最高处6米多，“农业学大寨”时生产队为了用那些石头，把石墙的石头拆下抬到沟里修成梯田了。关于古寨子，老人们传说是杨六郎征西时修筑的，不过没有史料说明这里曾经是战场，虽然不可靠，但也是一种说法。还有一种说法似乎更可靠：琵琶镇古名迭石里，地处甘陕川连接地带，崇山峻岭，交通不便，历来匪患成灾，旧时税费多如牛毛，官府保境安民历来成为空谈，于是，这里的古人们就在山梁上、山洞里或岩窠里修筑起寨子，像张坝古村落寨子梁、上寨子楼底村李家沟寨子、王家上沟东面山梁寨子等，这些寨子有的修建于唐宋，有的修建于明清和民国时期。在匪患猖獗时，人们一年中一半时间就在山上树林中、山洞里、寨子里度过，过着缺吃少穿的日子，有顺口溜为证：“迭石里来罗滩河，棒客多得无奈何。边种庄稼边躲匪，躲藏怕人不怕鬼。”新中国成立后，这些寨子也就慢慢被人们淡忘。

无论如何，这里的历史就像那些石头墙一样，永远地埋在了地下，成为神秘的疑问，等待后人去进一步解读。老张还说，前面那几个山头还有类似的寨子，但也不知道是谁建的。此时，似乎大雨又要来临，采风组成员从不同角度拍了照，摄了影，就原路返回了。此时的古村张坝已经灯火初上，寨子沟里寨子梁的故事还在延续。

↓ 刘云鹏题

↓ 魏朝晖题

秋到张坝

一夜新凉的秋风，吹散了张坝古村落最后的暑气，摇曳在西风中的青岗树叶子逐渐变黄发红，田野中粗犷的墨色沟壑与熟透了的玉米地里那沉甸甸的金色形成鲜明的对比。雁声已远，蒹葭露白，菊黄篱下，瓜果飘香。秋意浓得像是一名着七色装的妙龄女子，正婀娜着曼妙的身姿，款款而来。

↑ 树底下侃天

秋，刚进入浅浅的凉意，连绵不断的细雨，将陇南大地浇灌成淡红色，在西秦岭南麓张坝古村落的山水之间，那袅娜的薄雾，将那一道道沟湾，一条条山梁，全部笼罩在神秘之中。淡淡的红色大地跟乳白的云雾交织在一起，更添几分诱人的神气。奇妙多变的云雾随着空气的流动，时而飘飘升起，忽隐忽现，令人如临仙界；时而绕缠山间，像万家炊烟般诉说着岁月的沧桑，又像在与山坳的松涛梦呓着秋月中最美的情缘。风儿是少不了的，伴着细细的秋雨，把秋后的张坝古村落清晨拂洗得更加清新迷人，少了蝉鸣的聒噪，多了几分悠闲和宁静。在西秦岭乡下的秋日，雾是白色的精灵，雨是润物的色剂，风是渲染的妙手，把千沟万壑、高山流水铺在高远的长空，如挥毫的水墨般，把大气而又灵性的乡间美景展现在人们的视野中。当你悠然步入秋天的张坝，风是香香的，雾是柔柔的，雨是甜甜的，叶是红红的，心是静静的，此刻没有了烦恼，远离了愁肠，有的只是那种洒脱超俗如神仙般的安逸。“久晴不知夏去，一雨方知秋深”，几场绵绵的秋雨过后，四方山的峰叠之中，陇蜀道边，大团鱼的河岸，茂密的黄栌叶子红遍山野，那火红色的、橘红色的、浅红色的、粉红色的，格外诱人、耀眼。此时的乡间小道上，往山顶驮运修建高压铁塔物资的骡马队，叮当、叮当的铃声又给古村张坝添增了几分古朴意境。

秋分之后，凉意渐浓。若遇晴日，秋高气爽，长空蔚蓝，闲步古村张坝，一览雨后山川不染一尘，老房子、炊烟、鸡鸭、田园细数可见。洁白的云朵飘过山边的村子，清澈见底的秋水河中，几只大白鹅扯着脖子叫嚷着划过水面，荡起层层碧波……张坝的秋色被五颜六色装扮着，黄澄澄的梨、红彤彤的柿子挂满枝头；血红色的辣椒串子、金黄色的玉米垛子吊满屋檐、堆满院

↓院中秋色

落；粉色的月季、紫色的菊花，让农家小院香气芬芳，虽不及春天那般百花盛开，绚丽多彩，但人们更喜欢秋天成熟的美，美得朴实、美得舒心。邀几文朋诗友、摄影爱好者，漫游在古村张坝的小径、木桥之上，看层林尽染、细水长流，或在杏树下石桌旁，品茶侃天，那心情会格外敞亮。如果再到古村深处，对着山谷喊几声茶马号子，或来几段山歌小曲，听着那在峡谷中回荡的余音，你会热血沸腾，心神舒畅，被压抑的心情瞬间消失得无影无踪，感受最美光阴，感知静好岁月。

走进古村张坝的仲秋，每一处的斑斓沧桑，在历史的长河中如时光般阑珊而过，最美的风景，根本留不住，一切都将随风远去，只有将不尽的乡愁，藏进古村落阡陌的深巷里，让心在宁静中随遇而安。

↓ 院房

张坝寻梦

已经记不清楚是第几回到张坝了，2020年的整个夏天和秋天，几乎所有的周末都是在张坝度过的。以至于张坝在好长时间里成为我的梦，成了我心灵栖息的地方，也成了我一直的牵挂。有人说，与一个人结缘，需要至少上百年的修行，那么，与一个地方或者一个村子的结缘又需要多少年修行呢？这都缘于一本叫《中国历史文化名村·甘肃张坝》的书，这本书的出场把张坝和我紧紧地联系在一起，把我和一些并不熟悉的人变成了朋友。这不知是前世修来的缘分，还是今生的机缘巧合。

↓ 寻梦

每一次到张坝，都会有不一样的发现；每一次踏上张坝的土地，都会有不一样的感受，也都会有不同的人闯入我的视野。比如张坝的支部书记张付明，再比如那个皮带上挂着一串钥匙的老张、一直跑前跑后的学生张磊、全天候陪伴的赵世龙，还有那些乡镇干部，更有天天在不停息地流向远方的团鱼河，以及张坝的石头、张坝的土地、张坝的树木，等等，这些人、景、物构成了实实在在的张坝，也构成了有精气神、有灵魂的张坝。

在岁月的淘洗中，在陇南之南的大山褶皱里静静地躺着的张坝古村落，任凭世事变迁，风云变幻，它都在安静地聆听山的回响、鸟的啼鸣，甚至还有虫子的歌声。

这些年，随着张坝的出名，这里的寂静被打破了，有好多寻梦

↓ 访古

↑ 春色

↑ 春来到

者都来张坝了，有背着沉沉设备的摄影家，有一拨一拨的文学青年，有胸有成竹的书画家，有不放过蛛丝马迹的老学究，从此张坝再也不寂静了，甚至有些嘈杂。

一时间张坝成了大家竞相去旅游的梦想地，成为文人骚客吟诗作赋的交流平台，成了文化人寻根猎奇的主要目的地，张坝变得活跃起来。一些媒体也相继对张坝进行了报道，一系列的文章相继出场，这个千年古村热闹起来，张坝人的目光逐渐变得炯炯有神和充满力量，似乎看惯了来来去去的过客，张坝的风也变得灵动，张坝的水也变得欢快，张坝的“闲言碎语”多了起来，张坝成了许多人寻梦的地方。

来到张坝，少不了的是到古村落走走，从东家门里出来再从西家门里进去，把张坝的古村古寨走一遍，再到那棵菩提树下看看，参参禅、悟悟道，挂上一条红布许许愿。有好事者还会去供销商店的柜台前怀怀旧，也会到泛博物馆里瞧瞧，变几个方向、换几个位置拍拍照、搞搞直播，这样似乎才能给张坝一个结实的交代。

到了张坝，不得不尝的要算饮食了。那热腾腾的吊锅鸡当然是旅游者的首选了，那股热气，那点柴火味，还有那简单的调和均衡的山野嫩味，才是吊锅鸡的精华。一般情况下，吊锅鸡是就着火锨馍或面疙瘩吃的，鸡汤是泡馍的最佳搭配。如果吃完吊锅鸡还觉得不过瘾，那就来一碗白花花、粉嫩嫩的豆花面吧！这才是大山深处张坝老百姓的家常饮食，这碗豆花面就着当地特色咸菜，使你的食欲得到空前的放纵。

↑ 春天的张坝

这就是张坝，一个让人来寻梦的古村落。

↓ 春天的张坝

安逸

歇息

剃脸

购物

盼归

老姐俩

合影

侃天

附录 张坝古村落调查

一、生态

问：本村是什么类型的村庄？是黄土高原山村吗？是黄土丘陵村吗？是土石村吗？

答：是土石村，森林茂密，四季潮湿。

问：本村在县、乡的什么位置？

答：在武都区县城及乡镇东南部。

问：村外有什么河流？

答：主要是大团鱼河、张坝河。

问：村落占地多少？耕地有什么？村民聚落占地多少？林果木占地多少？

答：村落占地4平方公里。耕地有农作物、经济林果。村民聚落占地共有80亩。林果木占地1200亩，属于林区。

问：村民聚落点的海拔高度是多少？聚落点内有多少沟壑峡谷？怎样分布？

答：村民聚落点海拔1300米。大约20条沟壑峡谷，由南到北分布。

问：全年二十四节气气候如何？正常年景和遭灾年景怎样？

答：二十四节气季节分明。遭灾年景比较频繁，洪涝较多。

问：野生动物情况怎样？

答：野生动物有麋鹿、金丝猴、青牛、鹿、大鲵等国家珍稀动物，还有锦鸡、野猪、野兔等几十种。

问：森林植被情况如何？有价值的古树、大树、树种、花草种有哪些？

答：有雪松、落叶松、水杉、菩提、红豆杉、青冈、漆树等几十种。

问：古村域内有哪些遗迹？

答：有古遗址寨子梁、观音牌楼等。

二、农耕

问：主要种些什么庄稼？本村古老传统是以种植五谷杂粮为主吗？

答：农作物以小麦、玉米、大豆、土豆、瓜类为主，以川豆子、大荞、小荞、豌豆为辅；也种植谷子、糜子、黍子、杂豆等。

问：春耕开始有哪些农活？打春备耕都准备哪些农具？

答：有耕地套种等。农具有犁头、锄头、耙子、镰刀、木榔头等。

问：试犁、施肥、平田整地、扶耧点种、压土保墒等工序都是怎样进行的？

答：先打碎土块，用耙子把土块找出，用木榔头打碎，再耕地，农历二月用牛耕地，一人耕犁、一人下种、一人施肥。

问：夏天锄地间苗、保苗都有哪些农活？

答：主要农活有锄地、拔草、耕地、上粪等。

问：秋收都有哪些农活？割庄稼、取谷穗都用什么工具？

答：农活有种麦子、收大豆、收玉米。用梿枷打，碾子碾，棒子砸等。

问：打场、摊场、扬场、扇谷、囤粮等工序都用什么传统技术方法？

答：一般用梿枷，或用牛拉流子、簸箕、竹箅等。

问：收粮入仓都有什么仪式和方式？

答：夏粮收好，磨成面，做一个馍馍祭祀天爷，谢天地。

问：男人和女人参加农活有什么不同的分工？男孩和女孩参加哪些农活？

答：男人干重活，犁地等；女人干轻巧活等；孩子采摘成熟的果子。

问：一年四季中每道细小的农事工序还有哪种农具和用具？各种用具原物都在哪里存放？

答：春季犁地，用犁、牛；夏季用锄头、镰刀锄草；秋收用刀、背篓、梿枷等。农具一般都在草房存放。

问：大型木器具、石器具都放置在哪里？各种农具都是哪儿制造的？

答：大多数都放在场边。一般都是自己村里的木匠、石匠制作。

问：二十四节气各节气、入伏、数九在农事上都有什么说道？

答：头伏萝卜二伏菜。头九暖，二九冻破脸；三九四九，关门闭手；七九八九，河里洗手；九九八十一，老翁（妇）顺墙立。在九里把圈里的粪挖出来，堆在空地上发酵；修房子的人备料；在九里砍的树不生蛀虫。夏至三庚伏，冬至当日九。

问：村里都饲养哪些家畜、家禽、大牲畜？

答：家畜、家禽有牛、羊、猪、马、狗、猫、鸡、鸭、鹅等；大牲畜中骡子、马、驴驮东西，牛犁地。

问：有采山菜野果的吗？采什么？用什么工具？

答：有。采山林果、山野菜。用镰刀、小刀、铲子、山刀、锄头等。

问：各家都种植果木吗？有什么特产水果和名产水果？培植果树和采摘水果都使什么用具？

答：有。种植苹果、桃子、核桃等。用笼子、筐子、篮子、背篓、袋子等。

问：各家种植什么蔬菜？是自家食用还是外卖？还是从外买进？

答：一般种植黄瓜、西红柿、菠菜、辣椒、包包菜、白菜、冬瓜等。自家种自家用，近几年也有买卖的。

三、工匠

问：有什么工匠行当？

答：有木匠、铁匠、石匠、泥瓦匠、泥工、架子工、木工、水电工等。

问：村里各家存有各种工匠使用的工具吗？有哪些工具？

答：工匠使用工具有石锤、斧子、锯、凿子等。工具还有锤子、扳手、钳子、起子等。

问：本村的庙宇和住房是本村工匠建造的吗？

答：是，一般为本村工匠建造的，也有外地木匠建造的。

问：本村房屋的砖瓦都是当地砖瓦窑烧的吗？

答：过去本村都有窑，现在是从县城附近运来的。

问：村里过去和现在有哪些手工业作坊？

答：有豆腐坊、酿酒坊、榨油坊、磨坊等。

问：现在有哪些工匠传人？外村镇的游动工匠经常进村做活计吗？

答：本村还有木匠、铁匠、石匠等。有时有外村镇的游动工匠。

问：工匠手艺是怎样师徒传承？

答：徒弟年龄小时师父带上先干活，一起生活，传授知识，慢慢学手艺。

问：外出打工的农民都从事什么工种？

答：绝大多数搞建筑，因外地建筑工地多，工价高，也有学其他手艺的。

四、交易

问：本村和邻村有什么样的集市贸易？传统赶集日有什么沿革？都有什么小摊贩和小货铺？

答：琵琶市场小河口牲畜市场。三天一集，各集市错开，各是一天。有服装、电器、蔬菜、工具、水果、农具等日用百货，应有尽有。

问：集市上都买卖什么生产生活物品？

答：油、盐、酱油、醋、茶以及其他生活用品等。

问：买卖大小牲畜怎样进行？

答：买家和卖家讨价还价，中间人（牙子）一般取中钱，促成交易。牙子一般是本村管理人员（农民）。

问：村里人进城买货、卖货的情况怎样？

答：以前少，自从高速公路通了以后，进城买货、卖货的人多了。

五、交通

问：村里通行的道路是什么样的？是土道还是石板路？

答：既有新硬化的水泥路村道，也有以前的石板路。

问：上下山路能行车吗？有什么桥梁吗？村里日常的搬运都用什么工具？

答：上下山不能行车。以前是木桥；现在有了水泥桥。人力车、农用车辆。

问：本村通向外村城镇的道路如何？

答：是省道。

问：村里人外出有哪些老式运载车辆和牲畜用作交通工具？本村有靠近大道的货栈、旅店吗？

答：有三轮车、拖拉机、架子车、自行车。有靠近大道的商店、旅店。

六、信贷

问：村里相互借贷的方式有哪些？借贷的契约怎样做？还有人保留着老式样的借据契约吗？

答：朋友介绍担保。借贷人打借条，找人担保。有老式样的借据契约。

问：有进城镇储蓄、贷款的情况吗？

答：有到乡镇储蓄的，也有去县城的。

七、服饰

问：男女老幼日常是怎样穿着打扮的？ 春夏秋冬四季的单、

夹、棉、皮衣服鞋帽都有哪些？有什么特点？

答：按季节穿，现在都大众化。早春薄棉袄；夏天麻布衫，粗布单衣，绸缎单衣；冬季厚棉袄。

问：干农活、放牲口、做家务的劳作衣服鞋帽都有哪些？

答：有草鞋、麻鞋、胶鞋、布鞋、衬衣、棉衣等。

问：有哪些礼仪节日服装和装束？

答：老人过世的丧事上，女子、亲戚穿白色衣服、戴白色帽子；结婚穿红，图喜庆。

问：衣服鞋帽的家庭手工裁缝怎样制作？妇女绣花有哪些手艺？

答：以前手工，后来缝纫机制作，现在都去集市上买。有童帽、女鞋、鞋垫等。

八，饮食

问：村里日常是三餐食制吗？有季节性两餐的习俗吗？

答：是三餐制，有季节性两餐的习俗；三餐有米食、面食搭配，干稀搭配，米、汤、面、菜搭配。

问：不同季节和农忙农闲都吃什么饭菜？

答：忙时，做饭简单；闲时，做饭花样多。总之要吃饱。

问：节日、祭日和忌日是否有饮宴习俗？宴席规模多大？吃哪些菜肴？数量多少？

答：都有。按客人数量决定，一般至少十二个人一桌菜肴，肉类多，有鸡、鸭、鱼、羊肉、牛肉等。

问：村里饮宴、会餐怎样操持？有什么方式？

答：村里红白喜事，娶儿嫁女，立木上梁，迎官贺喜都要办宴席，全村选一主持人，主持全村人为事主家帮忙，统筹承办。一般十二个人为一席。

问：制作食品的技术、方法都有哪些？

答：蒸、煮、煎、烤、炸，腌菜、干菜都有。

九、居住

问：民居房屋建筑有什么样式和风格？建筑物有什么木雕、砖雕、石雕和彩绘之类的装饰艺术？

答：川、陕、甘一带古老土木框架结构房屋；有花、鸟、山、水、动物，琴棋书画等，都是吉祥富贵图案。

问：建房有什么仪式和风俗？

答：动土看日子，方向看风水；对面的山势是什么形状来决定风水方向。

问：打墙建屋都用什么工具？

答：有木夯、夯槌、镢头、铁锨、铁锹等。

问：本村家户、宅院有几种格局？

答：家户有院墙。宅院有三合院、四合院、二进院等。

问：室内各种家具和器皿的陈设是什么样式？有什么装饰？

答：主房有上墙神柜、香炉火炕；睡房有衣柜；楼房有粮箱、粮柜等。

十、家族

问：村里现有村民的亲族、家族、宗族是什么状况？家族、宗族内有什么家法家规？

答：本村以张姓为主。同姓不结婚。

问：老户有家族谱书、谱牒、谱表吗？

答：有，但都在“文革”时期破坏了。

问：村内各姓氏中有什么血亲和姻亲关系？

答：有表兄妹成亲的。

问：分家有什么惯制吗？

答：按兄弟几个分财产，每人都有份。

十一、村社

问：古代建村有勒石刻碑记载村史的遗留吗？

答：有镶在房子里的记事碑。

问：村里农耕实行“打变工互助”的传统习俗吗？使用大牲畜有“伙家”的互助习俗吗？

答：有，是相互帮助打变工。

问：村组织参与婚丧红白大事的操办有哪些惯例？

答：一般是村上红白喜事的总管由有威望的村干部或老人担任。

问：村里集体修桥、补路或参与建房劳作都有哪些老规矩？

答：相互帮工，共同帮助建房。

问：对村民生产生活管理有哪些传统村规民约？

答：有防火、防盗、减灾、救灾、禁赌、调解纠纷等事宜，还立有禁毒碑。

问：全村的水源（水井、水库）管理习俗有哪些？村内有排除洪水通道设施吗？

答：老房子都有共用的排水通道。

问：早年村里有过帮会活动吗？有无结义拜把子习俗？

答：有，叫南帮。有结义拜把子习俗。

十二、岁时

问：过春节（过大年）都有哪些习俗活动？

答：晚辈给老人磕头、装烟、敬酒、祝寿。

问：准备过年是从过腊八开始吗？本村做腊八粥的习俗和祭祀仪式有哪些？

答：是从腊月初八开始。给树根喂稀饭，寓意让果树饱满多结果实。

问：过小年祭灶神有哪些活动？有什么特殊饮食？有扫年或扫尘的习俗活动吗？

答：倒灯、吃团年饭。有扫尘习俗，腊月二十四扫尘，也叫扫煤（霉）。

问：有各种备年货（买年货、做年食）的习俗吗？

答：有，吃、穿、礼品都要购置。

问：大年三十的祭祖、接神、辞岁、守岁、吃年夜饭等都有什么习俗？

答：有祭祖、守岁、吃年夜饭习俗。

问：二月二“龙抬头”做哪些“引龙”的行事？

答：把庭院用灰线绕一圈，调耕牛。

问：清明节祭祖扫墓怎样做？

答：上香，挂白纸条，点香蜡纸。

问：端午节怎么过？有戴香包、插艾蒿、喝雄黄酒、吃粽子的习俗吗？

答：端午是主要节日，有插艾蒿、喝雄黄酒、吃粽子的习俗。

问：村里还过哪些特别的节日？

答：正月十五、二月二、清明节、四月八、端午节、八月十五、九月九、十月一、腊八节等都算日常重要的节日。

十三、诞生

问：产妇“添喜”分娩时有什么习俗惯例？

答：祭子童爷。

问：产房设施有什么禁忌习俗？新生儿“落草”时是怎样处理的？婴儿诞生后怎样报喜？

答：不能有不吉利的活动。新生儿用水洗净，先用棉布包好。给岳父母提瓶酒报喜。

问：生小孩后有哪些“忌门”习俗？

答：不能有少女进门；第一个进产房门的人要诚实憨厚，聪明伶俐，因为孩子以后性格会随第一个见到的人。

问：生小孩的三朝（洗三）仪式怎么做？都有什么器具？亲友都送什么礼物？

答：用椒艾水洗。送食品、毛毯、衣服等。

问：产妇下奶有什么习俗？产妇下炕有什么习俗？

答：以前孩子出生后，没有奶吃就要请人叫奶，就是念咒语禳解；现在吃猪蹄。一般一个月下炕。

问：小儿满月都怎么过？亲友都送什么礼？有剃头和出行习俗

吗？小孩百日（过百岁）举行什么礼仪？有挂套颈馍、长命锁的习俗吗？

答：放压岁钱。有剃头和出行习俗。有过百岁挂长命锁的习俗。

问：小孩周岁（过一岁生日）有哪些习俗礼仪？亲友送什么礼物？有吃百家饭、穿百家衣的习俗吗？

答：有过生日抓周的礼仪。抓周的物品主要有书、笔、算盘等，现在增加了玩具、钱币。没有吃百家饭、穿百家衣的习俗。

问：小儿取名有什么说道？由谁来取名？常用的奶名和大名都有哪些叫法？

答：小名按自己喜好取，大名按排辈取，一般不能触犯长辈的名字。

十四、成年

问：本村有北方通行的12岁过大生日开锁仪式的古俗成年礼吗？由什么人主持仪式？进行什么占卜？举办大型还愿或庆贺活动吗？

答：有，叫抽保状。由阴阳先生主持、占卜。一般是杀猪、杀羊。有亲戚来祝贺。

十五、结婚

问：本村有哪些婚姻类型？

答：有包办婚、童养婚、表亲婚、招赘婚、男到女家、二处管业。

问：本村通行什么样的议婚习俗？有媒人提亲、开八字和相亲等程序吗？

答：以前媒人介绍，盘生肖八字；现在婚姻自由，生肖是否相合不是太重要。一般请阴阳先生开八字，看日子。

问：订婚时换龙凤帖、过大礼吗？定亲举行什么礼仪？吃定亲饭吗？

答：不换龙凤帖、过大礼。择吉日定亲要请媒人，要拿礼品，还要准备酒席吃定亲饭。

问：有陪嫁和定亲礼金的习俗吗？男方送给女方什么聘礼？

答：有烟酒等礼品、礼钱。聘礼一般为衣服、金银首饰等。

问：结婚迎亲习俗有哪些？

答：一般置喜棚、装扮新郎，迎娶新娘。

问：婚礼仪式程序有哪些？

答：新人入门，入洞房，闹洞房。

问：送亲迎亲、婚礼拜堂、婚宴、洞房花烛都有哪些习俗规范和禁忌？

答：属相与新人不合的不迎送，忌冲喜。

问：村内有哪些婚俗文物可以作证？

答：有礼盒、拜匣、陪嫁礼单、合婚的庚帖、结婚证书、婚礼宴席菜单、盖头等。

十六、拜寿

问：通行哪些办寿习俗和拜寿礼仪？有专门操办拜寿的传人吗？

答：老人坐上席，小孩下面磕头，给先祖上香。操办拜寿的都是村里德高望重的人。

问：摆什么寿宴？亲友都有哪些拜寿、贺寿的传统贺礼实物？

答：正常宴席饭菜。有贺寿习俗，贺礼有烟酒、寿联、寿幛、寿屏等。

问：逢本命年寿诞有扎红、穿红的习俗吗？有为老人做寿材、做寿衣的习俗吗？

答：有穿红习俗，也有扎红习俗。有给老人做寿衣、寿材的习俗。

十七、丧葬

问：本村实行哪种葬式？是土葬吗？

答：土葬。

问：初丧的穿寿衣、净尸整容、停丧都有哪些习俗？

答：人过世后由德高望重的老人为之净身穿衣，后先落草，挂出声纸，挂出声纸时一定要有哭声；上供桌，停尸三天，到第三天入殓，有些是乘凶安葬，有的要看期安葬，以及看亡人与孝眷长子、长孙的八字才能安葬。

问：怎样向亲友报丧？择坟穴有什么做法？

答：叫人去放信，报丧。请阴阳定字向时间。

问：怎样进行停丧小殓的烧纸摆供祭灵？

答：有献鸡、献面、清灯、香等。

问：入殓仪式怎样进行？棺木的制作、彩绘和民俗装饰都有哪些？

答：阴阳先生念咒，一般是入殓咒。棺材外表漆油漆，彩绘。

问：设灵堂和举行吊孝是怎样进行的？有几种做法？

答：有两种，常规的一种简单；第二种设佛像、花棚，还要念免罪经，超度亡灵。

问：孝子挂孝、守灵、祭灵的风俗有哪些？

答：一般要睡草铺，吃饭坐上席、下席，也有站着吃的。

问：出殡大葬礼仪的送葬、下葬、回灵等过程都有哪些？

答：出殡时阴阳先生念咒、发丧，下葬念咒，开棺看尸体端正不端正。

问：出殡的司仪有哪些说道？

答：出殡时棺木大头在后、小头在前，从正门大门处出。

问：送葬途中亲友是怎样设路祭的？

答：选择大路，孝子拉线，抬着走；路过别人家门口，都会点火，据说是给孝子烤手。

问：灵柩出村后有什么规矩？灵柩入墓穴后进行哪些仪式？

答：烧草、驱鬼、放炮。阴阳先生念咒，撒土拌煞，引魂入墓，下葬，孝子哭丧，其他人帮助取土埋葬。

问：有哪些葬后的祭奠亡人仪式？

答：安葬后三天内每天晚上要去坟上覆土上香，做七，烧百期、周年、二周年、三周年纸。

问：有主持操办丧葬事宜的民俗传人吗？

答：有，总管；还有阴阳先生，也是丧葬里的主角。

问：祖坟茔地有什么葬式？有什么上坟祭奠祖先习俗？

答：按顺序排，先大后小，年轻人意外死亡不上老坟。老人去世，近期，百期，一周年、二周年、三周年都要祭奠，清明节也要上坟祭祖先。

问：有哪些合葬、迁坟习俗禁忌？

答：夫妻合葬。一般不迁坟，家里不顺时才另择坟地迁坟。

十八、信仰

问：村里有哪些寺庙？供哪些神灵？ 有神像吗？

答：村里有观音庙。供有观音菩萨、文昌帝君、魁星等。

问：各家院里屋里都供奉哪些神仙？

答：家神，五辈亡人，前辈先人，福、禄、财神等。

问：有神牌、神龛吗？

答：有土地爷、山神、财神、灶神等。

问：各行各业供有哪些行业神和祖师爷？

答：有铁匠、石匠、瓦匠，还祭鲁班爷、蜂王爷，以及其他家神。

问：各家供奉祖先吗？

答：有家庙、祖宗牌位、祖宗龛等。

问：有哪些祭祀活动？谁主持？谁参加？有什么供品？

答： 有四月八庙会。一般由阴阳先生主持，四邻八乡信众参加。供品有鸡、羊、水果等。

问：有哪些驱邪的做法？

答：修房时，用牛椿当主案，门墩用柏木。

问：有阴阳先生和巫女神汉吗？他们都怎样做巫行术？

答：有。师公子男扮女装，卜算、打卦、抽签。

问：村民都有哪些禁忌习俗？

答：外村人死了，不许上本村坟地。

问：村民有哪些看相、算命、求签、看风水的习俗？常用哪些看相算卦的书？

答：有看相、算命、求签、看风水。一般有推背图、文王八卦、诸葛亮称命法。

问：有哪些烧香拜神（佛）许愿还愿的习俗？为求什么事许什么愿？

答：求儿女、求财运、求平安、求升学、求健康都有。

问：有庙会吗？庙会上唱还愿戏吗？有什么仪式？

答：有四月八庙会。端公传神，跳羊皮鼓。程式复杂。

问：上庙会带香纸、供品和钱物吗？

答：上庙会要带香纸、供品、钱物等。

问：天旱有祭龙王习俗吗？

答：端公祈雨，祭龙王神；还有其他神灵。

十九、医药

问：村里过去和现在流行什么疾病？

答：过去有水痘、麻疹、肝炎等，现在基本没有，有时有流行感冒、痢疾等。

问：常见小病都有哪些？村民有病会用土法治病吗？

答：有感冒、痢疾、头疼脑热、胃病。有找土法治病的习惯。

问：有巫医吗？常用什么方法治病？村里流行什么土方、偏方？

答：现在没有巫医，过去有。灶土治呕吐，门底土止血，蜘蛛网治疗伤口，艾灸。

问：村里常用当地哪些草药？村民有专门在山野采草药的吗？

答：草药有柴胡、大黄、当归、冬花等。有专门在山野采草药的人，可以增加收入。

问：有病找西医还是找中医？

答：以前找中医，现在中西医都找。

二十、游艺

问：小孩玩耍经常做什么游戏？

答：跑、跳、踢毽子、打沙包、跳绳等。

问：村民自制的大小玩具有哪些？

答：有木轮车、沙包、毽子、吊篮等。

问：有哪些锣鼓活动？

答：有转身鼓、羊皮鼓、大鼓、小鼓。

问：有哪些旺火、架火活动？

答：有点“高高山”活动，预示来年五谷丰登。

问：村里流行哪些山曲小调？村民中有哪些民间乐器？

答：唱山歌，主要是谈情说爱的山歌。有琵琶、二胡、羊皮鼓等。

第十一届全国政协常委、甘肃省政协副主席尚勋武（右一），在陇南市政协主席张昉（左二）、武都区委副书记张书怀（左一）及本卷主编陪同下在古村调研

陇南市委常委、武都区委书记肖庆康（前排左一）在琵琶镇党委书记张玉珊（前排左二）、武都区文体广旅局局长尹满富（前排右二）的陪同下在张坝古村落调研

赴张坝村考察调研人员从左到右依次为张永红、张磊、张付明、刘云鹏、王得虎、沈文辉、赵世龙、苏涛

本卷主编（左四）与本卷摄影刘福平（右四）、周建军（右三）、王耀东（右二）、孙光亮（左三）以及尚韩（右一）、马伟伟（左二）等调研

本卷主编（左三）与古村老人座谈了解情况

陇南市委常委、宣传部长马军（右一）在张坝古村落调研

本卷主编（前排右）陪同西北师范大学党委书记张俊宗（前排左）、副校长韩高年（后排左），陇南市委宣传部常务副部长张凤麟（前排中）等在古村调研

参考文献

[1] 费孝通.乡土中国[M].北京：北京出版社，2005.

[2] 梁雪.传统村落实体环境设计[M].天津：天津科学技术出版社，2006.

[3] 冯骥才.中国传统村落立档调查范本[M].北京：文化艺术出版社，2014.

[4] 冯骥才.中国传统村落立档调查田野手册[M].北京：文化艺术出版社，2014.

[5] 徐向升.内乡文化遗产[M].郑州：中州古籍出版社，2012.

[6] 曾礼.武都县志[M].北京：生活·读书·新知三联书店，1998.

[7] 吴良墉.人居环境科学导论[M].北京：中国建筑工业出版社，2001.

[8] 周建明.中国传统村落保护与发展[M].北京：中国建筑工业出版社，2014.

[9] 吴良墉.广义建筑学[M].北京：清华大学出版社，1989.

[10] 陆元鼎.中国传统民居与文化[M].北京：中国建筑工业出版社，1992.

[11] 赵勇.中国历史文化名镇名村保护理论与方法[M].北京：中国建筑工业出版社，2008.

[12] 余颖.村庄·民俗·民间美术[D].北京：中央美术学院，2010.

[13] 曾礼.阶州志集校笺注[M].兰州：甘肃人民出版社，2013.

后记

在甘肃省民协驻会副主席杜芳的协调下，在我们的再三争取下，终于收到中国民协及省民协委托我主编《中国历史文化名村·甘肃张坝》一书的通知，同时也感压力加大，甚至在一段时间里几度失眠。其主要原因，一是陇南的一个古村能作为甘肃目前为数不多的能进入中国民协视野的村子之一实属不易，将在国家级层面为陇南古村落保护研究宣传迈开重要一步。二是近年来陇南市委提出建设“陇蜀之城”，大力推进拆危治乱工作，有效地保护传统村落、古建民居，为保护古村落做了好多具体的工作。三是关于张坝的资料太少，关于张坝的故事太少，关于张坝的历史记载几乎没有。好在市委领导高度重视，专门在张坝建立了陇南古民居泛博物

↓ 本卷主编（前排左三）组织原陇南地区行署副专员李春荣（前排左七），陇南市文联名誉主席夏青（前排左六），甘肃省摄影家协会副主席、本卷摄影张红霞（前排左五），陇南市民协顾问甘宏（前排左四）、杨成杰（前排左八）、杨凤玺（前排左九）、符友鹏（后排右一），本卷副主编王秋云（后排右三），以及相关民协会员叶谢平（后排左一）、尚韩（前排左一）、卯斌斌（后排左四）、郭晖（后排左三）等考察古村泛博物馆

馆，中国民协和省民协领导也专程来调研。于是，我在和杜芳副主席多次商量沟通后，就接下了这一重大光荣的任务，并由市文联张红霞主席签订了编辑合同，并按要求给中国民协交稿。

在紧张的策划下，大家做了初步的编辑方案，筹备编委会成员，但因张坝村的材料太有限，不能完整地再现一个真实的张坝。因为我发现，要想编好本书，需要编者在大量调研的基础上，拥有第一手资料的前提下才能完成。就这样，我与张坝有了关系，有了机缘。我现在已经记不清楚去了张坝多少次，也记不清都是与哪些人一起去了张坝，走访、查阅资料、现场观看。总之，先把大量的时间交给了田野，交给了当地的群众，在与他们同吃、同住、同劳动的过程中找寻我想要知道的蛛丝马迹。渐渐地，关于张坝的思路逐渐清晰，目录完成后，又回到张坝和当地文化人商量，向有关专家请教，目的是穷其有限资料，能最大限度地再现一个真实的、原生态的、美丽的梦幻式古村落。在通过三番五次的写、改、看，再写、再改、再看后，才

↓ 本卷主编组织考察组考察古村民间工艺美术传承人赵世龙非遗传承情况

有了今天的这本册子，这是中国民协领导和甘肃省民协领导关心的结果。特别值得一提的是甘肃省副省长、陇南市委书记孙雪涛先生阅读完书稿后提出了中肯的修改意见。陇南市委常委、武都区委书记肖庆康先生阅读后专门安排一直主抓古村保护工作的区委副书记张书怀先生转达修改意见，并欣然作序。陇南市人大常委会主任岳金林，市政协主席张昉，市委常委、宣传部长李兴华等领导也分别给予肯定和鼓励。这个册子，是文字团队和摄影团队共同努力的结果，凝聚了几十个人共同的汗水。其中，该书副主编王秋云完成了第一、二、五、七章近八万字的内容，并作为地域文化校本教材进校园的主要内容。尽管我们花了大量的精力，在半年的时间内甚至词尽言穷，但由于时间紧，水平有限，错误之处在所难免，还请方家批评指正。

编者

2020年12月

↓ 考察组合影

四合院

图书在版编目（CIP）数据

中国历史文化名村．甘肃张坝／中国民间文艺家协会组织编写；潘鲁生，邱运华总主编．—北京：知识产权出版社，2022.9

（中国历史文化名城·名镇·名村丛书）

ISBN 978-7-5130-8227-3

Ⅰ.①中… Ⅱ.①中…②潘…③邱… Ⅲ.①乡镇—概况—陇南 Ⅳ.①K928.5

中国版本图书馆 CIP 数据核字（2022）第 113455 号

责任编辑： 宋　云　王颖超　　**责任校对：** 谷　洋

装帧设计： 研美文化　　**责任印制：** 刘译文

中国历史文化名城·名镇·名村丛书

中国历史文化名村·甘肃张坝

中国民间文艺家协会　组织编写

总 主 编　潘鲁生　邱运华

本卷主编　沈文辉

出版发行： 知识产权出版社有限责任公司　　**网　　址：** http://www.ipph.cn

社　　址： 北京市海淀区气象路 50 号院　　**邮　　编：** 100081

责编电话： 010-82000860 转 8388　　**责编邮箱：** songyun@cnipr.com

发行电话： 010-82000860 转 8101/8102　　**发行传真：** 010-82000893/82005070/82000270

印　　刷： 天津市银博印刷集团有限公司　　**经　　销：** 新华书店、各大网上书店及相关专业书店

开　　本： 720mm×1000mm　1/16　　**印　　张：** 12.5

版　　次： 2022 年 9 月第 1 版　　**印　　次：** 2022 年 9 月第 1 次印刷

字　　数： 156 千字　　**定　　价：** 80.00 元

ISBN 978-7-5130-8227-3